ライブラリ 心理学を学ぶ＝6

パーソナリティと感情の心理学

島 義弘 編

サイエンス社

監修のことば

　心理学はたくさんの人が関心をもって下さる学問領域の一つといってよいと思います。「試験勉強しなきゃいけないのに，ついついマンガに手が伸びちゃって……」といったように，自分自身の心でありながら，それを上手にコントロールすることは難しいものです。また，「あの人の気持ちを手に取るように正しくわかることができたらいいだろうな」と願うこともあったりします。そんな日々の経験が，心理学を身近な学問に感じさせるのかもしれません。

　心理学への関心の高まりは，医学や脳科学，生命科学，進化論や生態学，教育学や社会学，経営学など，多様な学術領域と連携した研究を活発にしました。そして，人間の心と行動について驚くほどたくさんのバラエティに富んだ研究成果を生み出してきています。また，適正な教育や司法の実践，充実した医療や福祉の構築，健全な組織経営や産業現場の安全管理など，さまざまな社会問題の解決を図るときに鍵を握る知識や見識を示す領域として，心理学はその存在感を高めています。国家資格「公認心理師」の創設は，心理学の社会への浸透を反映しています。

　本ライブラリは，幅広い心理学の領域をカバーしながら，基本となる専門性は堅持しつつ，最近の研究で明らかにされてきていることも取り入れてフレッシュな内容で構成することを目指しました。そして，初めて心理学を学ぶ人にも理解していただきやすいテキストとなるように，また，資格試験の勉強にも役立つことも考慮して，平易でわかりやすい記述や図解を心がけました。心理学を体系的に学ぼうとする皆さんのお役に立てることを願っています。

　　　　　　　　　　　　　　　　　　　　　　監修者　山口裕幸
　　　　　　　　　　　　　　　　　　　　　　　　　　中村奈良江

はじめに

　本書は「ライブラリ　心理学を学ぶ」の一書として編まれた，『パーソナリティと感情の心理学』と題する教科書です。パーソナリティ心理学と感情心理学は細分化された心理学諸領域の中でもとくに密接な関連があります。たとえば，パーソナリティを記述する言葉の中には感情を表すものが多く含まれていますし（怒りっぽい，穏やか，寂しがり屋，など），感情経験の個人差はそのままパーソナリティであるともいえます。また，パーソナリティ心理学と感情心理学の本邦における歴史を紐解くと，日本パーソナリティ心理学会（設立時は日本性格心理学会）と日本感情心理学会はともに1992年に設立され，心理学の独立した一分野として確立されていきました。その一方で，2011年には日本感情心理学会第19回大会と日本パーソナリティ心理学会第20回大会が合同で開催されるなど，個別の学会設立後も両者は相互に影響を与え合いながら発展してきました。両方の学会で活動している研究者が多いことからも，関係の深さが推察されます。

　ところで，本書の書名に含まれる「パーソナリティ」と「感情」という語には類縁の語が多数あります。「パーソナリティ」の類義語には「人格」「性格」「気質」などがあります。このうち，「気質」は他の語とは明確に区別されるものですが，「パーソナリティ」「人格」「性格」は相互に交換可能なものであると考えます。今日，学術的には「パーソナリティ」を使うことが一般的になってきましたが，日常的には「性格」のほうがなじみ深いでしょう。そこで，本書では原則として「パーソナリティ」という用語を採用し，日常的な記述や専門用語として定着しているものに限り「人格」「性格」という用語を採用しました。これとは別に，独立した概念として「気質」という語を使用しています。

　同様に，「感情」にも「情動」や「気分」などが関連語として挙げられます。「情動」は対象が比較的明確で，急激に生起し，短時間で終結する反応振幅の大きい一過性の感情状態を指し，「気分」は対象が比較的不明確で，持続的で弱い感情状態を指します。「感情」はこれらを包括した概念です。そこで，

「パーソナリティ」と同様，本書では原則として「感情」という用語を採用しました。しかし，「パーソナリティ」とは異なり，「感情」「情動」「気分」は専門的には明確に区別されるものでもあります。本書では，厳密には「情動」と表現したほうが適切なものでも，初学者への配慮として「感情」に統一した箇所も少なくありません。これらの用語の統一はすべて編者の責任においてなされたものです。

　ここで，本書の構成について説明します。第1章から第4章までは，パーソナリティ心理学と感情心理学にそれぞれ固有の話題を取り上げました。第1章・第2章ではパーソナリティの理論と測定について説明してあります。この2章でパーソナリティ心理学の歴史を概観することができます。第3章・第4章では感情と認知や動機づけの関連について紹介しました。この2章は感情の働きを知るのに役立ちます。第5章から第10章までは，同じテーマをパーソナリティ心理学と感情心理学のそれぞれの立場から説明しました。第5章・第6章は発達，第7章・第8章は対人関係，第9章・第10章は適応・健康です。いずれもパーソナリティ心理学と感情心理学の双方で多くの知見が積み重ねられている領域です。同じテーマを扱いながら焦点化する問題が異なっていたり，同じ問題に焦点化しつつも異なった切り口で解説していたりと，パーソナリティ心理学と感情心理学の視点から，それぞれの事象がどのようにとらえられているのか（とらえようとしているのか）を興味深く眺めることができると思います。

　本書はどの章から読み進めても支障はありませんが，第1章から第4章まではパーソナリティ心理学，感情心理学それぞれのベースになる内容で，後の章に関連事項が多数出てきますので，予備知識の少ない読者はこの4章に先に目を通しておくとよいでしょう。また，パーソナリティ心理学と感情心理学の異同をより明確に理解するためには，第5章と第6章，第7章と第8章，第9章と第10章はそれぞれペアで読むことをお勧めします。

　本書の執筆陣は，パーソナリティ心理学，感情心理学またはその関連領域で精力的に研究を進めている気鋭の研究者たちです。各先生方には限られた分量の中で「分かりやすく，かつ重要な理論や研究を幅広く取り上げる」という難

はじめに

しい課題に取り組んでいただきました。多大なご苦労をおかけしたことをお詫びするとともに，期待をはるかに上回る内容に仕上げていただいたことに感謝申し上げます。

学会設立当初より相互に影響を与え合ってきた2つの領域を一冊の書籍にまとめることは，大変意義深いことであると思います。その一方で，パーソナリティ心理学と感情心理学という，それぞれに分厚い専門書が多数出版されている領域を一冊の書籍にまとめるにあたり，扱いきれなかった内容があることは紛れもない事実です。本書を読んでパーソナリティ心理学や感情心理学全般に興味をもたれた読者各位は，各章末に記載されている参考図書や巻末の引用文献を手がかりに，詳しく取り上げることのできなかったテーマも含めて，より深く広く探究していただきたいと切に願っております。

最後に，本ライブラリ監修の山口裕幸先生，中村奈良江先生ならびにサイエンス社の清水匡太氏，小林世奈氏からは多大なご支援を賜りました。ここに記して感謝の意を表します。

2017年3月

島　義弘

目　次

はじめに …………………………………………………………………… i

第 1 章　パーソナリティの理論　　1
1.1　パーソナリティとは …………………………………………………… 1
1.2　類　型　論 ……………………………………………………………… 4
1.3　特　性　論 ……………………………………………………………… 7
1.4　パーソナリティの5つの次元 ………………………………………… 11
1.5　パーソナリティに関する諸問題 ……………………………………… 15
復習問題 …………………………………………………………………… 22
参考図書 …………………………………………………………………… 22

　コラム1.1　音楽の好みに性格はあらわれる？　　19

第 2 章　パーソナリティの測定　　23
2.1　個人差測定法の発展 …………………………………………………… 23
2.2　主要なパーソナリティ測定法 ………………………………………… 27
2.3　知　能　検　査 ………………………………………………………… 39
2.4　測定に関わる妥当性と信頼性 ………………………………………… 42
2.5　ま　と　め ……………………………………………………………… 43
復習問題 …………………………………………………………………… 44
参考図書 …………………………………………………………………… 44

　コラム2.1　乳幼児のパーソナリティはどのように測定する？──気質　　33
　コラム2.2　乳幼児の「知能」はどのように測定する？──発達検査　　41

第3章 感情と認知　45

- **3.1** 感情と認知研究における2つの感情 …………………… 45
- **3.2** 感情と認知研究における重要なモデル …………………… 52
- **3.3** 感情制御 …………………………………………………… 55
- **3.4** 感情と認知に関係する脳内メカニズム …………………… 56
- **3.5** 将来の展開 ………………………………………………… 57
- 復習問題 ………………………………………………………… 58
- 参考図書 ………………………………………………………… 58

第4章 感情と動機づけ　59

- **4.1** 感情と動機づけの関係 …………………………………… 59
- **4.2** 感情のもつ動機づけ機能 ………………………………… 62
- **4.3** 動機づけの種類 …………………………………………… 63
- **4.4** 原因帰属 …………………………………………………… 64
- **4.5** 自己効力 …………………………………………………… 66
- **4.6** 興味 ………………………………………………………… 68
- **4.7** 内発的動機づけと自己決定理論 ………………………… 68
- **4.8** 達成目標理論 ……………………………………………… 75
- **4.9** 課題価値モデル …………………………………………… 77
- **4.10** 達成感情 ………………………………………………… 78
- 復習問題 ………………………………………………………… 80
- 参考図書 ………………………………………………………… 80

第5章 発達：パーソナリティ心理学の視点から　81

- **5.1** パーソナリティ発達の規定因 …………………………… 81
- **5.2** パーソナリティの生涯発達 ……………………………… 88
- 復習問題 ………………………………………………………… 99
- 参考図書 ………………………………………………………… 99

　コラム5.1　行動遺伝学　87

目　次　　　　　　　　vii

第6章　発達：感情心理学の視点から　101
6.1　感情とは …………………………………………………… 101
6.2　一生を通じた感情発達 …………………………………… 102
6.3　感情の養育・教育 ………………………………………… 115
復習問題 …………………………………………………………… 119
参考図書 …………………………………………………………… 119

第7章　対人関係：パーソナリティ心理学の視点から　121
7.1　友人関係 …………………………………………………… 121
7.2　恋愛関係 …………………………………………………… 127
7.3　おわりに …………………………………………………… 130
復習問題 …………………………………………………………… 133
参考図書 …………………………………………………………… 133

コラム7.1　友人の数は多いほうが幸せか　131

第8章　対人関係：感情心理学の視点から　135
8.1　対人関係における感情 …………………………………… 135
8.2　対人関係における感情伝達 ……………………………… 138
8.3　対人関係における感情理解 ……………………………… 147
8.4　対人関係で感情をうまく使うために …………………… 151
復習問題 …………………………………………………………… 154
参考図書 …………………………………………………………… 154

コラム8.1　表示規則　140
コラム8.2　顔面フィードバック仮説　146

第9章　適応・健康：パーソナリティ心理学の視点から　155

9.1 ネガティブなパーソナリティ ………………………………… 155
9.2 ポジティブなパーソナリティ ………………………………… 162
9.3 パーソナリティの両面性と多次元性 ………………………… 164
9.4 まとめ ………………………………………………………… 167
　　復習問題 ………………………………………………………… 170
　　参考図書 ………………………………………………………… 170

　　コラム9.1　対人場面の曖昧さに耐えられない人は，精神的に不健康？　168

第10章　適応・健康：感情心理学の視点から　173

10.1 感情の分類 …………………………………………………… 173
10.2 精神疾患 ……………………………………………………… 174
10.3 身体的健康 …………………………………………………… 177
10.4 レスポンデント条件づけとオペラント条件づけ ………… 178
10.5 反復性思考 …………………………………………………… 180
10.6 心的イメージ ………………………………………………… 183
10.7 衝動性 ………………………………………………………… 185
10.8 おわりに ……………………………………………………… 187
　　復習問題 ………………………………………………………… 189
　　参考図書 ………………………………………………………… 189

引用文献 …………………………………………………………………… 191
人名索引 …………………………………………………………………… 212
事項索引 …………………………………………………………………… 215
執筆者紹介 ………………………………………………………………… 220

第1章
パーソナリティの理論

　あなたが普段よく行動を共にする友人を思い浮かべてみてください。その友人がどんな人かと考えてみると，あなたと違うところがあるのに気づくはずです。たとえば，身長や体格はどうでしょうか。あるいは，髪型，よく着る服，よく聞く音楽，人との接し方，どれぐらい外出するか，どこでお昼ご飯を食べるか，どんな授業を受けているかなどが違うかもしれません。あなたと友人との違いはたくさんあるでしょう。

　このように列挙されたものをみて，違和感をもちませんでしたか。確かに，あなたと友人とは身長や体格が違うかもしれません。しかし，自分と他者との違いを考えるときには，もう少し内面的なことを思い浮かべるのではないでしょうか。また，よく着る服や人との接し方など，細々としたところも違うでしょうが，もう少し端的に自分と友人との違いを表現したいと思うでしょう。

　人と人の違いを，ある程度内面に踏み込んで端的に説明しようとするとき，人は性格に言及します。自分と友人との共通点，あるいは自分らしさや友人らしさを，性格という点から理解しようとするのです。本章では，人の性格をどのように考えることができるかについて，心理学で提案されてきたいくつかの理論をみていきましょう。

1.1 パーソナリティとは

1.1.1 パーソナリティの定義

　性格について考えるのは，どういうときでしょうか。よくある一つの場面は自己紹介をするときです。「私は人見知りなので，たくさん話しかけてくれるとうれしいです」とか「私の性格を一言でいうと，のんびり屋です」のように，自分のことを知ってもらいたいときに自分の性格を説明します。あるいは，誰か他の人がしたことを理解したいときに，性格という言葉を使うかもしれません。たとえば，友だちから相談を受けたときに，「あいつは短気な性格だから，そんな言い方をしたんだよ」といったようにアドバイスをすることがある

でしょう。私たちが性格について考えるのは，他の人とは違う自分らしさやその人らしさを言い表したいとき，ある人がどうしてそのような振る舞いをしたのかを端的に理解したいときではないかと思います。

　こういった性格について，心理学では**パーソナリティ**（personality）という用語で考えます。振る舞い方や感じ方，考え方を特徴づけるその人らしさを，パーソナリティの違いとして理解しようとするのです。

　パーソナリティという用語を使おうとするとき，一筋縄ではいかない難しさがあります。なぜなら，パーソナリティの定義には，非常に多くのものがあるからです。たとえば，オールポート（Allport, G. W., 1937）は，パーソナリティを「個人の内部で，環境への彼特有の適応を決定するような，精神物理学的体系の力動的機構」としています。また，キャッテル（Cattell, R. B., 1965）は，「個人がある場面に置かれたとき，その人のとる行動を示すもの」としていますし，アイゼンク（Eysenck, H. J., 1952）は，「多かれ少なかれ安定した個人の特徴（性格，気質，知性，体質など）の持続的な体制で，個人に独自の環境への適応の仕方を決定するもの」としています。これらの定義に共通しているのは，パーソナリティが，①行動を規定する要因であること，②個人ごとに独自であること，③個人の内的要因であること，です（若林，2009）。

　また，オールポートやアイゼンクが述べているように，環境への適応を決定するという点も大事です。たとえば，先に示した自己紹介をする場面は，新しい環境に適応しないといけない典型的な場面です。そういった場面では，明るく積極的に振る舞う人がいる一方で，人見知りをアピールする人もいて，個人差が大きく表れます。そういった環境への適応の仕方の違いの背景に，パーソナリティという個人差を表す概念を想定するのです。

1.1.2　パーソナリティと気質

　パーソナリティの定義をみていると，**気質**（temperament）という言葉がでてくることがあります。気質という言葉は，パーソナリティの基礎にある生まれつきの特徴を指して使うことが多いです（5.1.1参照）。オールポートによると，気質はパーソナリティを形作る一種の原料で，ほとんどが遺伝的なものです。

1.1　パーソナリティとは

　産婦人科の病院で並んで寝ている乳児を見てみると，よく泣く子もいますし，比較的おとなしく眠っていることが多い子もいます。生まれてからそれほど日数がたっていない乳児であっても個人差があるのです。トーマスとチェス（Thomas, A., & Chess, S., 1977）は，乳幼児を観察する中で，活動水準や気の散りやすさなどの9つの気質の特徴から，3つのタイプの子どもがいることを明らかにしました。その3つのタイプとは，新しい場面に慣れやすく機嫌のよい「扱いやすい子（easy child）」，新しい状況に慣れにくく不機嫌なことが多い「扱いにくい子（difficult child）」，活動水準が低く環境の変化に慣れるのに時間がかる「ウォームアップが遅い子（slow to warm up child）」で，それぞれ約40％，約10％，約10％が該当していました。水野（1998）は，日本人の生後10～12カ月の子どもについて，気質の分類を調べました。トーマスとチェスとは気質の分類次元が少し異なりますが，扱いやすい子が約33％，扱いにくい子が約11％，ウォームアップが遅い子が約11％とほぼ同じ割合になっていました（表1.1）。

表1.1　気質の分類（水野，1998をもとに作成）

	扱いやすい子	扱いにくい子	ウォームアップが遅い子	中間型の子
男児	40 30.77%	14 10.77%	17 13.08%	59 45.38%
女児	45 36.29%	14 11.29%	11 8.87%	54 43.55%
合計	85 33.46%	28 11.02%	28 11.02%	113 44.49%

1.2 類型論

1.2.1 類型論の考え方

　ある女性が「私は肉食系の人がタイプなの」と言ったときに，「私はどっちかいうと草食系の人がいいな」と友人が答えたとします。ここで彼女たちが問題にしているのは，肉食系か草食系かというタイプです。世の男性を肉食系と草食系という2つのタイプに分類しておいて（雑食系もあるようですが），どちらのタイプに該当する男性が好みであるかを問題にしているのです。

　人のパーソナリティをとらえるときにも，これと同じような方法をとる考え方があります。人をいくつかのタイプに振り分け，そのタイプに共通する特徴をパーソナリティの類型として考えるのです。こういった考え方でパーソナリティを理解しようとする考え方を総称して**類型論**（type theory）とよびます。

1.2.2 クレッチメルの類型論

　パーソナリティの類型論の有名なものとして，クレッチメル（Kretschmer, E., 1955）の理論があります（近年では，「クレッチマー」と表記することが多いようです）。精神科医であったクレッチメルは，パーソナリティが血液や体液に影響されると考え，**体格**とパーソナリティを関連づけました。まず，精神科の入院患者を対象に，彼らの体格を主に3つのタイプに分類しました。体の厚みよりも長さが目立つ「細長型」，骨格や筋肉，皮膚などがよく発達している「闘士型」，胸部や腹部に脂肪が蓄積し，丸みを帯びている「肥満型」の3つです。そして，体格と患者が罹患する精神疾患の種類との関連を調べ，統合失調症の患者には細長型が，躁うつ病の患者には肥満型が，てんかんの患者には闘士型が多いことを示しました（図1.1）。さらに，体格とそれぞれの精神疾患の**病前性格**とを関連づけて考えました。病前性格とは，当時それぞれの精神疾患に至りやすいとされていたパーソナリティの特徴です。細長型のパーソナリティの特徴は，内気でまじめ，臆病で従順というもので，「分裂気質」とよばれます。闘士型のパーソナリティの特徴は，物事に執着しやすく，秩序を好み，融通がきかないというもので，「粘着気質」とよばれます。肥満型のパー

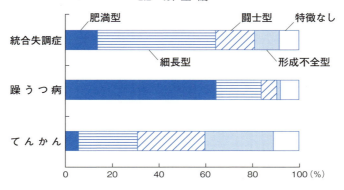

図1.1 **体格と精神疾患との関連**（Kretschmer, 1955をもとに作成）

ソナリティの特徴は，社交的で明るく，ユーモアがあるものの，気分の変動が大きいというもので，「循環気質」とよばれます。こうして，クレッチメルは，体格—精神疾患—病前性格を関連づけた理論を提唱したのです。

　シェルドンとスティーブンス（Sheldon, W. H., & Stevens, S. S., 1942）も体格とパーソナリティを関連させた類型論を唱えました。クレッチメルは，精神疾患をもつ患者を対象としていましたが，シェルドンとスティーブンスは一般の大学生を対象に調査を行い，やはり3つのタイプを明らかにしています。1つ目は，神経系統や感覚器官，皮膚組織が発達した「外胚葉型」で，控えめ，過敏，疲労しやすいなどの特徴をもつタイプです。2つ目は，骨や筋肉がよく発達した「中胚葉型」であり，大胆，活動的，自己主張が強いなどの特徴をもつタイプです。3つ目は，丸みを帯びた体格の「内胚葉型」で，くつろぎ，安楽，食にこだわるなどの特徴をもつタイプです。

　体格によってパーソナリティを分類する試みは，直感的には分かりやすいものです。たとえば，肥満型に相当しそうな有名人を何人か思い浮かべてみてください。ある程度パーソナリティに共通するところがありそうな印象を受けるかもしれません。しかし，以降の研究では，体格とパーソナリティとの間に明確な関連は見出されていないことが多いようです。モンテメイヤー（Montemayor, R., 1978）は，男性を対象として，体格と気質や知能，社会的行動，非行行為との関連を調べた研究を概観しました。その結果，体格とそれら

の要因との間に明確な関連は認められませんでした。

1.2.3 ユングの類型論

　ユング（Jung, C. G., 1921）は，心的エネルギーが向かう方向という点から，パーソナリティをとらえ，**外向型**と**内向型**という2つの類型を想定しました。心的エネルギーは，「心的な出来事の強さであり，その心理的価値」で，リビドー（Libido）ともいわれます。外向型は，心的エネルギーが自己の外側に向かっており，外界から影響を受けやすいタイプです。パーソナリティの特徴としては，感情を表出しやすく，精力的に活動し，人と積極的に付き合います。内向型は，心的エネルギーが自分の内側に向かっており，自分の内面に関心を向けやすいタイプです。感情をあまり表出せず，人に従う傾向があり，少数の人と深く付き合うという特徴をもちます。**表1.2**は，外向型と内向型を判別するための項目です（佐藤，2005）。

表1.2　ユングの心理学的タイプ測定尺度の項目例（佐藤，2005をもとに作成）

外向型	内向型
新しい環境にもすぐとけこめるほうだ。	新しい環境になじむまでは時間がかかるほうだ。
初対面の人と話をするのは得意なほうだ。	初対面の人と話をするのは苦手なほうだ。
外側の世界を広げていくのは得意なほうだ。	内側の世界を深めていくのは得意なほうだ。
社交的で，交友関係は広いほうだ。	気のあった少数の友人と深く付き合うほうだ。
楽しみや外側の世界に求めるほうだ。	楽しみを内側の世界に求めるほうだ。
やる気やエネルギーを外側の世界に注ぐほうだ。	やる気やエネルギーを内側の世界に注ぐほうだ。
大勢の人と一緒に遊ぶのが好きなほうだ。	少数，または1人で遊ぶのが好きなほうだ。
自分のことを表現するのに躊躇しないほうだ。	自分のことを表現するのに躊躇するほうだ。
自分の思っていることをみんなに伝えるのは得意なほうだ。	自分の思っていることをみんなに伝えるのは苦手なほうだ。

1.3 特性論

1.3.1 特性論の考え方

　大学への進学希望者が多い高校では，いわゆる文系クラスと理系クラスに分けられることがあります。一般的には，文系クラスにいるのは，国語や英語などの文系科目が得意な生徒で，理系クラスにいるのは，数学や理科などの理系科目が得意な生徒ということになるでしょう。人を文系か理系かに分けるのは，類型論的な考え方です。授業科目の成績や得意不得意はパーソナリティではありませんが，文系か理系かというタイプに人を振り分けるという点で，類型論的な考え方だといえます。

　文系か理系かというのは，大まかに生徒を理解するのには役立ちます。しかし，より詳細に人を理解しようとする場合には限界があります。たとえば，あなたがある高校生の家庭教師をすることになったとします。そのときに，「この子は理系クラスにいます」とだけ教えられたとしたら，もう少し情報がほしいと思うのではないでしょうか。理系クラスにいても，数学がどの程度できるかは人によってかなり違いますし，国語や英語の学力も個人差があるでしょう。

　人を振り分けるのではなく，複数の特性から個人のパーソナリティを多面的にとらえようとするのが**特性論**（trait theory）です。特性論では，複数の特性を想定して，各特性をどの程度強くもっているかという点から個人のパーソナリティを記述します。個々の生徒を，数学がどれぐらい得意か，英語がどれぐらい得意かといったように，プロフィールとして記述するのと似ています。

1.3.2 オールポートの特性論

　オールポートとオドバート（Allport, G. W., & Odbert, H. S., 1936）は，個人のパーソナリティを記述するための道具として，人が日常的に用いている言葉に注目しました。辞典から人のパーソナリティや行動の特徴を示す単語を選び出し，整理していくという方法で，パーソナリティをとらえようとしました。まず，17,953語を抽出し，それらを，①個人の特性を示す中性的な語（攻撃的（aggressive），内向的（introverted），など），②主として一時的な気分や活動

を記述する語（きまりがわるい（abashed），逆上した（frantic），など），③個人の行為の社会的，性格的判断を意味するか，あるいは他者への影響を指すべく重みづけられた語（とるにたりない（insignificant），好ましい（acceptable），など），④その他：体格，能力，発達状態の指示あるいは比喩的であいまいな語（甘やかされた（pampered），やせた（lean），など），に分類しました。内訳としては，①は4,504語，②は4,541語，③5,226語，④は3,682語でした。これらの中で，①をパーソナリティ特性を示す重要な語としました。このように，辞書に掲載されている単語をもとにパーソナリティ特性を探ろうとする方法を**心理辞書的研究**（psycholexical study）といい，特性論に関する研究の中で重要な方法として用いられてきました。

また，オールポートは，個人のパーソナリティを複数の特性から記述するための方法として**心誌**（psychograph）を考案しました。オールポートは，パーソナリティ特性を，多くの人に共通する共通特性と個人に特有である独自特性に分けて考えています。心誌では，前者の共通特性に注目し，それぞれの共通特性の高低から個人ごとのパーソナリティをプロフィールとして表現します。図1.2のような用紙に，百分位数や十分位数あるいは，1点から7点などの目盛りをとり，個人の各特性を描いていきます。

1.3.3　キャッテルの特性論

キャッテル（Cattell, R. B., 1965）もまた言葉の点からパーソナリティ特性に迫ろうとしました。オールポートが，共通特性と独自特性を区別したのに対し，キャッテルは，表面特性と根源特性を区別しました。表面特性は，外部から観察できる行動面での特徴をまとめたものです。一方で，根源特性は，表面特性の背後にあるもので，直接観察することができないものです。観察できる表面特性と観察できない根源特性を区別するという発想は，因子分析という統計的手法の影響を色濃く反映しています。因子分析とは，項目同士の相関関係から，その背後にある共通因子を見出そうとする統計分析の方法です。何度かの検討を経て，表1.3に示すような16の根源特性を見出しています。この16のパーソナリティ特性を測定するための尺度として，**16PF**が開発されています

1.3 特性論

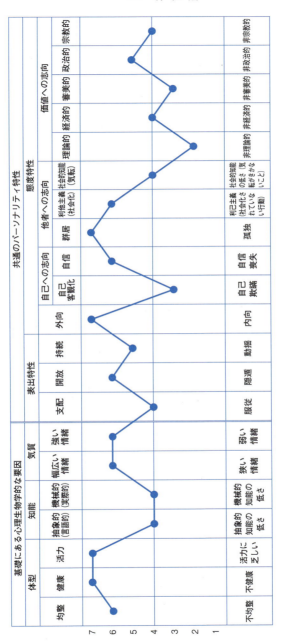

図1.2 心誌 (Allport, 1937をもとに作成)

表1.3 16個のパーソナリティ因子（Cattell, 1965をもとに作成）

低得点記述	因子		因子	高得点記述
打ち解けない	A−	対	A+	開放的な
知能の低い	B−	対	B+	知能の高い
情緒的	C−	対	C+	安定した
けんそんな	E−	対	E+	主張的
生まじめな	F−	対	F+	気楽な
便宜的な	G−	対	G+	良心的な
内気な	H−	対	H+	大胆な
タフ・マインド	I−	対	I+	テンダー・マインド
信頼する	L−	対	L+	疑い深い
実際的な	M−	対	M+	想像的な
率直な	N−	対	N+	如才のない
穏やかな	O−	対	O+	気遣いの多い
保守的な	Q_1-	対	Q_1+	何でも試みる
集団に結びついた	Q_2-	対	Q_2+	自己充足的
行き当たりばったりの	Q_3-	対	Q_3+	統制された
リラックスした	Q_4-	対	Q_4+	緊張した

（Cattell & Mead, 2008）（2.2.1参照）。

1.3.4 アイゼンクの特性論

　オールポートやキャッテルが，比較的多くの特性を想定していたのに対し，アイゼンク（Eysenck, H. J., 1960）は，パーソナリティの基本的な次元として「外向性─内向性」と「神経症傾向」の2次元を想定しました。外向性─内向性は，他者や社会との関係に関する特性です。外向的な人は，社交的で他者と一緒にいることを好み，内向的な人は，内省的で自身の内面での楽しみを重視します。神経症傾向は，感情面での安定性に関する特性です。過敏で不安を感じやすく，精神的に不健康になりやすいか，感情が安定していて環境に適応しやすいかをとらえる次元です。

　アイゼンクは，パーソナリティの構造を4つの水準からなる階層的なものであると考えました（図1.3）。1つ目の水準は特定的反応で，実際に観察される具体的な行動です。2つ目の水準は習慣的反応で，特定的反応が繰り返されて習慣したものです。3つ目の水準は特性で，いくつかの習慣的反応のまとまりからなる抽象化されたパーソナリティの次元です。「心理学」の授業であまり

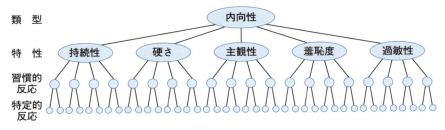

図1.3　**内向性の階層構造**（Eysenck, 1960をもとに作成）

意見を言わない学生が（特定的反応），他の授業でも全般的に議論に参加することが少なく（習慣的反応），授業時間外で友だちといるときにも，自分のことを話したり，相手と反対の意見を言ったりすることが少ない（特性），というように，その人らしい特徴が抽象度のレベルを超えて一貫しているということです。そして，4つ目の水準は類型で，いくつかの特性が互いに強い関連をもってまとまったものです。先に挙げた外向性―内向性と神経症傾向は，この類型にあたります。ただし，ここでの類型は，類型論でいうところのタイプとは少し異なります。その特性が強くなると特徴が明確になり，「内向的な人」や「外向型な人」のように類型的にとらえられやすくなるといったことを示しています。

1.4　パーソナリティの5つの次元

1.4.1　5因子の発見

　パーソナリティ特性を考えるときに，その特性の数が多すぎると人を理解する上では困ります。たとえば，同じ学科の友人たちを見渡したときに，全員を100個の特性を用いて理解しようとするのは大変です。一方で，1つか2つの特性だけで，複数の友人たちのパーソナリティを十分に理解することができるとも思えません。各個人のパーソナリティを理解できるかたちで描き出し，かつ人と人の違いをとらえるのに適切な特性の数というものがあります。

　パーソナリティに関する研究では，主要な特性の数は5つだといわれていま

す。ゴールドバーグ（Goldberg, L. R., 1990）は，心理辞書的研究の流れの中で，人のパーソナリティ特性を示す言葉が5つに集約されていくことを発見しました。ゴールドバーグは，ノーマン（Norman, W. T., 1967）が作成した特性語のリストから単語を抜き出し，大学生に自分や他者のパーソナリティにどの程度あてはまるかを評定させました。その回答について因子分析を行ったところ，自分に関する評定と他者に対する評定とに共通する5つの因子が見出されました。その5つの因子とは，「激情性（Surgency）」「協調性（Agreeableness）」「良識性（Conscientiousness）」「情緒安定性（Emotional Stability）」「知的好奇心（Intellect）」です。ゴールドバーグは，こういった5因子が多くの研究で共通して見出されていることをふまえて，ビッグ・ファイブ（Big Five）とよびました。

　心理辞書的研究では，主に形容詞をもとにパーソナリティ特性を評定することになります。その一方で，マクレーとコスタ（McCrae, R. R., & Costa, P. T., Jr., 1983）は，「私は○○だ」のような質問文とリッカート式の5段階評定による方法で，パーソナリティ特性の次元を調べました。自身と配偶者に対する評定をもとに，「神経症傾向（Neuroticism；N）」「外向性（Extraversion；E）」「（経験への）開放性（Openness to Experience；O）」という3因子を明らかにし，これらの特性を測定するNEO Inventoryという検査を開発しました。その後，マクレーとコスタ（McCrae & Costa, 1987）は，多くの研究で共通して見出されていた「調和性（Agreeableness；A）」と「誠実性（Conscientiousness；C）」の2つを加えて，パーソナリティの5因子モデル（Five-Factor Model）とし，Revised NEO Personality Inventory（NEO-PI-R）を開発しました（Costa & McCrae, 1992）。NEO-PI-Rには，パーソナリティの特性次元（Domain）と下位次元（Facet）が設定されています（表1.4。5因子モデルについては5.1.2，7.1.3，NEO-PI-Rについては2.2.1も参照）。

　ビッグ・ファイブや5因子モデルで想定されている特性は，研究者によってよび方や測定方法にやや異なる部分はあるものの，内容面についてはおおむね一貫しています。また，数多くあるパーソナリティを表す言葉や行動傾向を要約していった結果として得られたのが5つの特性です。ですので，ビッグ・

1.4 パーソナリティの5つの次元

表1.4　NEO-PI-Rの特性次元と下位次元（小塩，2014をもとに作成）

特性次元	下位次元	高い人の特徴	低い人の特徴
神経症傾向（N）	不安，敵意，抑うつ，自意識，衝動性，傷つきやすさ。	不安が強い。すぐにイライラする。動揺しやすい。心配しがち。感情の変化が大きい。	落ち着いている。リラックスする傾向。ストレスにうまく対応する。穏やかな気分。
外向性（E）	温かさ，群居性，断行性，活動性，刺激希求性，よい感情。	よくしゃべる。精力的。情熱的。自己主張が強い。人と付き合うのが好き。社交的。	よそよそしい。無口。引っ込み思案。
（経験への）開放性（O）	空想，審美性，感情，行為，アイデア，価値。	創造的。想像力豊か。抽象的な思考をする。好奇心が強い。芸術や美術に理解がある。	型にはまりがち。具体的な思考。伝統を重んじる。未知のことへの興味が低い。
調和性（A）	信頼，実直さ，利他性，応諾，慎み深さ，優しさ。	優しい。寛大。面倒見がいい。思いやりがある。人を信じやすい。人の気持ちを察する。	けんか腰。他者を批判しがち。冷淡。ぶっきらぼう。人のあら探しをする。とげとげしい。
誠実性（C）	コンピテンス，秩序，良心性，達成追求，自己鍛錬，慎重さ。	頼りがいがある。勤勉で仕事に集中する。計画性がある。隙がない。効率性を重視。	だらしない。遅刻しがち。不注意。衝動的。

ファイブや5因子モデルで想定されている特性に注目すれば，多くの人のパーソナリティをある程度的確にとらえることができるでしょう。

1.4.2　翻訳機としての5つのパーソナリティ特性

　5つのパーソナリティ特性は，さまざまな側面と関連することが示されています。表1.5は，メタ分析で示されている5つのパーソナリティ特性とさまざまな要因との相関係数です。メタ分析とは，同一のテーマに関する複数の研究をまとめて結論を出す研究方法です。表1.5をみてみると，神経症傾向は，職務満足の低さやバーンアウトといった不適応的な面と関連を示すことが分かります。一方で，調和性や誠実性は，バーンアウトの低さや反社会的行動の少なさなど，適応的な面と関連しています。外向性もまた身体活動の量や個人的達成感といった積極的な側面と関連しています。ただし，全体として必ずしも強い関連がみられていないという点も大事です。パーソナリティ特性だけで，多

表1.5 メタ分析で示された5つのパーソナリティ特性と各要因の相関係数

関連する要因	神経症傾向	外向性	開放性	調和性	誠実性
大学の成績（Richardson et al., 2012）	－.01	－.04	.09	.07	.19
先延ばし（Steel, 2007）	.24	－.11	.03	－.12	－.62
身体活動の量（Rhodes & Smith, 2006）	－.11	.23	.08	.01	.20
職務満足（Judge et al., 2002）	－.24	.19	.01	.13	.20
職務成績（Barrick & Mount, 1991）	－.05	.08	.03	.04	.13
自尊感情（Robins et al., 2001）	－.61	.40	.16	.11	.37
バーンアウト（Alarcon et al., 2009）					
情緒的消耗観	.42	－.21	－.00	－.12	－.16
脱人格化	.32	－.20	－.05	－.27	－.20
個人的達成感	－.24	.29	.16	.19	.18
異性との関係の満足度（Malouff et al., 2010）	－.22	.06	.03	.15	.12
養育態度（Prinzie et al., 2009）					
あたたかさ	－.17	.14	.16	.19	.11
行動のコントロール	－.14	.10	.10	.10	.11
自律性支援	－.10	.03	.14	.11	.03
反社会的行動（Miller & Lynam, 2001）	.12	.00	－.03	－.41	－.25
飲酒（Malouff et al., 2007）	.15	.03	－.01	－.17	－.22
事故の経験（Clarke & Robertson, 2005）	.13	.10	.18	－.15	－.17

表中の相関係数は関連の方向と強さを示しています。正の値であれば、そのパーソナリティ特性が高いほど、各要因の値も高いことを示します。負の値であれば、そのパーソナリティ特性が高いほど、各要因の値が低いことを示します。また、絶対値が1に近いほど関連が強いことを示しています。

様な行動や心理状態を説明できるわけではないのです。

　パーソナリティ特性とさまざまな行動や感情との関連は必ずしも強いものではないということをふまえた上で、5つのパーソナリティ特性は種々の心理学的な概念を理解する助けになります。小塩（2014）は、ビッグ・ファイブに心理学的な概念に対する翻訳の役割があるとしています。何かしらの心理学的な概念が新たに提案されたときに、ビッグ・ファイブの各側面との関連を示すことで、その概念がどのような特徴をもっているかを理解しやすくなるというのです。たとえば、表1.5に自尊感情（self-esteem）と5つのパーソナリティ特性との関連が示されています。自尊感情は、自己に対する肯定的な見方であったり、自分に価値がある存在であるという感覚のことを指します（Zeigler-Hill, 2013）。この説明がいまひとつピンとこなかったとしても、「自尊感情の高い人は外向性や誠実性が高く、神経症傾向が低い」ということが分かれば、自尊感情という概念がもう少し理解しやすくなるでしょう。ビッグ・ファイブや5因子モデルに関する研究知見が蓄積されてきたことで、心理学的な概念を

1.4.3 パーソナリティ特性の数に関する問題

　ビッグ・ファイブや5因子モデルでは，人のパーソナリティを5つの特性から描くことができると考えています。一方で，5つではなく，より多くの特性が必要であると考える研究者や，より少ない数の特性で十分であると考える研究者もいます。たとえば，アシュトンら（Ashton, M. C. et al., 2006）は，「正直さ・誠実さ―謙虚さ（Honesty-Humility）」「情動性（Emotionality）」「外向性（Extraversion）」「調和性（Agreeableness）」「誠実性（Conscientiousness）」「経験への開放性（Openness to Experience）」の6つのパーソナリティ特性からなるHEXACOモデルを提唱しています。HEXACOは，各特性の頭文字をとったものです（ただし，外向性に関しては，2文字目のXをとっています）。一方で，ドラードら（De Raad, B. et al., 2010）は，英語やフランス語，韓国語など12の言語をもとに分析を行い，各言語に共通する3つのパーソナリティ特性を見出しています。その3つの特性とは，「活力（dynamism）」「親和（affiliation）」「秩序（order）」です。

　また，5つのパーソナリティ特性について，さらにそれらを上位の特性としてまとめることができると考える研究者もいます。ディグマン（Digman, J. M., 1997）は，ビッグ・ファイブや5因子モデルに関する研究を再分析し，神経症傾向，誠実性，調和性の上位にある「α因子」と，外向性と開放性の上位にある「β因子」を想定する2因子モデルを提唱しています。

1.5　パーソナリティに関する諸問題

1.5.1　パーソナリティは生まれつきか？

　「私は生まれつきこういう性格だから」という言い方を耳にすることがあります。自分のパーソナリティは生まれる前から決まっているということなのでしょう。パーソナリティは生まれつき決まっているのでしょうか。

　1.1で気質の話をしました。気質は，パーソナリティの基礎にある遺伝的な

要素でした。確かに，生得的にもっている気質や遺伝的な要素は，個人のパーソナリティをいくらか決定します。しかし，パーソナリティを100％決めてしまうものではありません。その人が，どのような経験をするか，どのような環境におかれるかもパーソナリティに影響します。近年の**行動遺伝学**の発展に伴って，さまざまな心理特性に対する**遺伝**の影響が調べられています。とくに，双生児を対象とした研究から，遺伝と環境の影響がそれぞれ何％ぐらいであるかが明らかにされてきています。ブシャールとマクギュー（Bouchard, T. J., & McGue, M., 2003）によると，5つのパーソナリティ特性に対する遺伝の影響力は，神経症傾向が約48％，外向性が約54％，開放性が約57％，調和性が約42％，誠実性が約49％です。パーソナリティ特性に対して確かに遺伝の影響はあるものの，生まれてからの環境によってパーソナリティが規定される部分も大きいといえそうです（5.1.3，コラム5.1参照）。

1.5.2　パーソナリティは変化するか？

　さきほどの「私は生まれつきこういう性格だから」という言い方には，遺伝と環境の問題だけでなく，「パーソナリティが変化するのか」という問題も含まれています。「あいつは昔から変わらないな」と思うことがある一方で，「あの人は年をとって丸くなった」と言われることもあります。人生において年を重ねていく中で，パーソナリティは変化するのでしょうか。

　パーソナリティ特性が変化するかどうかは，**パーソナリティの安定性**の問題として注目されてきました。パーソナリティの安定性は，2時点間の相関の強さで評価されることが多いです。たとえば，小さいときに周りと比べて外向的だった子が，大人になってからも他の人と比べて外向的だったら，外向性というパーソナリティ特性は時間を超えて安定していると考えます。ハンプソンとゴールドバーグ（Hampson, S. E., & Goldberg, L. R., 2006）は，パーソナリティ特性について，小学生時点と約40年後の成人になった時点との関連を調べました。すると，外向性や誠実性には弱い相関がみられました。また，ソルツとヴァイラント（Soldz, S., & Vaillant, G. E., 1999）は，大学生の時点と65歳時点との関連を調べ，神経症傾向や開放性で弱い関連を見出しています。パーソナ

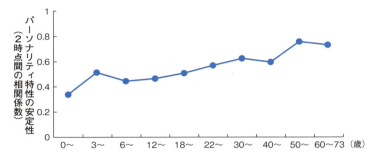

図1.4　パーソナリティ特性の安定性（Roberts & DelVecchio, 2000をもとに作成）

リティ特性には人生にわたってある程度安定している部分があるものの，まったく変化しない強固なものではないといえるでしょう。

　では，人生のどの時期に変化が生じやすいのでしょうか。ロバーツとデルヴェッキオ（Roberts, B. W., & DelVecchio, W. F., 2000）は，いくつかのパーソナリティ特性の安定性を調べた研究を年齢帯ごとにまとめました（図1.4）。その結果，年齢が上がるにつれて，パーソナリティの安定性は高まっていました。児童期や青年期といった比較的年齢が若いときには，パーソナリティは変化しやすいものの，成人期や高齢期になるとパーソナリティは変化しにくくなっていくようです。

1.5.3　パーソナリティは行動を決めるか？

　一般的には，人がどのように行動するかは，ある程度性格によって決まると考えられています。イライラして友だちにきついことを言ってしまったときに，「短気である」という自分の性格に原因を求めます。その一方で，状況によって人の行動が決まってしまうと感じることもあります。とてもおとなしい性格の人が，ライブ会場のような熱気と興奮に包まれた場所では，大きな声を出して踊ったりすることもあります。はたして，人の行動を決めるのはパーソナリティなのでしょうか。それともその人がおかれている状況なのでしょうか。スポーツの練習に粘り強く取り組めるのは，その人の性格によるものなのか，よいコーチや練習環境のおかげなのか。犯行に至ったのは，犯人の性格に問題が

あるからなのか，そのときの状況がそうさせたからなのか。行動の決定因としてのパーソナリティと状況の問題は，さまざまなところに顔を出します。

　ミシェル（Mischel, W., 1968）は，人の行動に対するパーソナリティの影響力に疑問を投げかけ，いくつかの批判を展開しています。批判の一つは，「行動を決めるのはパーソナリティではなく状況である」というものです。パーソナリティに関する多くの研究を調べた上で，パーソナリティ特性と行動との相関は0.3程度の弱いもので，パーソナリティ特性は行動をほとんど説明できないと主張しました。この「0.3」という値を パーソナリティ係数（personality coefficient）とよんでいます。

　ミシェルの批判を契機として，人間─状況論争（person-situation controversy）が繰り広げられることになりました（若林，1993）。行動を決定するのは，人の内部に想定されるパーソナリティ特性なのか，人がおかれている状況なのかという論争です。いずれの立場をとる研究者からも，さまざまな主張や研究結果が出されましたが，最終的には，パーソナリティ特性と状況の両方の影響力，あるいはその2つの間の影響関係を考えるような相互作用論という考え方に落ち着いていきました。人の行動を理解しようとする際には，パーソナリティ特性とそのときの状況の両方に注目し，多面的にとらえようとすることが大事なのです。

コラム1.1　音楽の好みに性格はあらわれる？

　もし自己紹介で「私はヘヴィメタルが好きです」という人がいたら，その人に対してどのような印象をもちますか。音楽にはさまざまなジャンルがありますが，一般的にいって，ヘヴィメタルやハードロックはあまりよい印象をもたれていない感じを受けます（ちなみに，ヘヴィメタルとハードロックを分けずに，「ヘヴィメタル/ハードロック」というジャンルとしてくくることが多いです。「HM/HR」と表記されることもあります）。暴力的な行為や犯罪との関連が指摘されることもありますし，ヘヴィメタルを好む若者は飲酒運転や薬物乱用などの向こう見ずな行動をよくするとしているひどい（と私には思える）研究もあります（Arnett, 1991）。

　本当にヘヴィメタルと向こう見ずな行動が関連しているかどうかはさておき，ヘヴィメタルを好む人に共通の性格はあるのでしょうか。ヘヴィメタルだけに特化すると興味のない方もいると思いますので，もう少し広げて考えましょう。パーソナリティと音楽の好みには関連があるのでしょうか。

　パーソナリティと人が好む音楽のジャンルや特徴との関係については，いくつかの研究結果が報告されています。たとえば，デルシングら（Delsing, M. J. et al., 2008）は，中高生を対象に，5つのパーソナリティ特性と音楽の好みとの関連を調べました。音楽の好みを調べるにあたって取り上げられたのは11の音楽ジャンルで，それらは「ロック（ヘヴィメタル/ハードロック，パンク/ハードコア/グランジ，ゴシック，ロック）」，「エリート（ジャズ，クラシック，ゴスペル）」，「アーバン（ヒップホップ/ラップ，ソウル/R&B）」，「ポップ/ダンス（トランス/テクノ，トップ40/音楽チャート）」の4つに分けられました。このジャンルと分け方をみていると，「フォークソングはないのか」とか「アバンギャルドは必要でしょう」とか「ジャズといってもクラシックジャズとモダンジャズは別物です」とか「グランジとアメリカのハードロックを一緒にするな」とか，いろいろと言いたいことはあると思います。あるとは思いますが，そこはとりあえず堪えてもらったとして，本題のパーソナリティ特性との関連をみてみます。主な結果としては，外向性の高い人がポップ/ダンスを好み，開放性の高い人と調和性の高い人はエリート（ジャズやクラシック）を好み，誠実性の高い人はロックを好まない傾向がありました

表1.6 パーソナリティ特性と音楽の好みとの相関
(Delsing et al., 2008をもとに作成)

	ロック	エリート	アーバン	ポップ/ダンス
神経症傾向	.03	.18	.00	.00
外向性	−.12	−.02	.19	.22
開放性	.30	.38	−.03	−.04
調和性	.03	.28	.10	.15
誠実性	−.21	.10	.05	.04

(表1.6)。

　また，マッカウンら（McCown, W. et al., 1997）は，音楽ジャンルではなく，音域のバランスに注目しました。とくに，重低音（exaggerated bass）を好む人のパーソナリティに注目しました。ラップやロック，クラシックなどの楽曲について，通常の音源と低音を強調した音源を用意し，大学生に聴いてもらった上で，どちらが好きかを選んでもらいました。すると，外向性の高い人は，低音を強調した音源のほうを好む傾向がありました。街中で，車から重低音をきかせたヒップホップやトランスミュージックが聴こえてくることがありますが，その運転手は外向的な人が多いのかもしれません。

　これらの研究結果をみてみると，パーソナリティと音楽の好みには，何かしらの関連がありそうです。もともとパーソナリティは，日常のさまざまな場面で，人がどのように振る舞い，どのように感じるかをうまくまとめて理解するために考え出されたものです。なので，どのような音楽を好むかといった側面にも，その人のパーソナリティが顔を出すのでしょう。

　ただし，パーソナリティと音楽の好みとの関連が必ずしも強いものではなかった点にも注目する必要があります。本文でも述べた通り，パーソナリティだけで人の多様で複雑な行動や感情を説明することはできません。ヘヴィメタル／ハードロックが好きな人の中には，もちろん向こう見ずな性格の人もいるかもしれませんが，

コラム 1.1 音楽の好みに性格はあらわれる？

律儀でまじめな努力家もいるでしょう。あるいは，とても内向的な人が重低音を響かせて街を走っていることもあるかもしれません。好きな音楽だけからその人のパーソナリティを的確に推測することはできないのです。

　自己紹介で音楽の好みについて話す人は割と多いように思います。しかし，そこで音楽の好みという限られた情報から，画一的なイメージをもってその人をとらえてしまうと，人間関係を広げるせっかくの機会を逃してしまうことになるかもしれません。「ヘヴィメタルが好きな人はちょっと……」と引いてしまうのではなく，その人の他の側面にも幅広く関心をもって接したほうが実り多いのではないかと思います。

復習問題

1. パーソナリティの類型論の特徴について例を挙げながらまとめ，その長所と短所を考えてみましょう。
2. パーソナリティの特性論の特徴について例を挙げながらまとめ，その長所と短所を考えてみましょう。
3. パーソナリティが人生の中で変化し得るかどうかについて，遺伝と時間的な安定性という点からまとめてみましょう。

参考図書

小塩真司（2011）．性格を科学する心理学のはなし——血液型性格判断に別れを告げよう——　新曜社

　よく問題になる血液型と性格との関係を足がかりとして，パーソナリティに関する研究を紹介した一冊。パーソナリティに関する研究の知見や動向について，身近な例をもとに幅広く知ることができます。

若林明雄（2009）．パーソナリティとは何か——その概念と理論——　培風館

　パーソナリティのとらえ方をいくつかのアプローチにわけて詳述した一冊。パーソナリティ研究の理論的な系譜を詳しく知ることができます。

詫摩武俊（1971）．性格　講談社現代新書

　パーソナリティに関する理論を概説した一冊。古典ではあるものの，パーソナリティに関する考え方を分かりやすくまとめています。

第2章
パーソナリティの測定

　パーソナリティは，およそ時間や状況を越えて一貫したその人独自の思考や行動を生み出す，人の内部に存在するものと仮定されています。私たちは，「内部に存在すると仮定されるもの」を物理的に見たり触ったりすることはできません。よって，パーソナリティは身長や体重などと同じ個人差の一つですが，それらと同じように直接的な方法で測定することはできません。では，パーソナリティはどのような方法で測定され得るのでしょうか。

　本章では，まず①現在のパーソナリティ測定法につながる，個人差測定法の発展を概観します。次に②主要なパーソナリティ測定法を紹介します。最後に③測定に関わる妥当性と信頼性の問題を確認します。

2.1　個人差測定法の発展

　1879年，ヴント（Wundt, W.）がドイツのライプツィヒ大学に心理学研究室を開き，科学としての心理学がはじまったといわれています。当時は，自然科学の興隆期で，物理学や生理学と同じように，心理学もまた心的現象の普遍的法則を発見することを目指していました。そのため，普遍的法則とは一見相反する個人差は，研究の本流ではありませんでした。このような状況の中，アメリカからドイツに留学しヴントの助手をしていたキャッテル（Cattel, J. M.）は，反応時間の個人差に着目した珍しい人物でした。アメリカに戻った後は，握力や重さの弁別，文字の復唱などの課題から成るテストを，初めて「メンタル・テスト」と名づけ，意志や記憶，注意などの心的能力を測定しようとしました（1890年）。

　このキャッテルのメンタル・テストは，測定方法や道具などの点で，イギリスのゴルトン（Galton, F.）の影響を受けていました。ゴルトンは，個人差を

数量的に表そうとした人物です。1884年，ゴルトンは，ロンドンで行われた万国衛生博覧会に人体測定実験室を作り，9,337人の握力，反応時間，身長などを測定しました。他にもゴルトンは，人の能力や行動に関する数多くの研究を行い，その手法として質問票や行動観察を用いました。

表出された行動を測定することで個人差をとらえようとしたゴルトンやキャッテルの試みは，パーソナリティ測定法における先駆的な研究に位置づけられます。

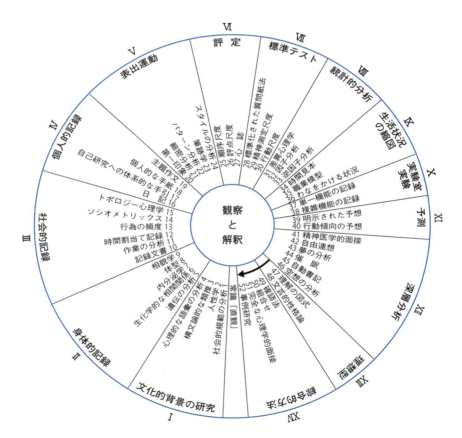

図2.1 オールポート（Allport, G. W.）によるパーソナリティ研究法の一覧
（Allport, 1937；詫摩ら訳，1982）
パーソナリティを理解する方法にはさまざまなものがあります。

2.1 個人差測定法の発展

　1900年代に入り，今日の知能検査の原型といえる知能検査がフランスで考案されました。フランスでは，子ども一人ひとりに適切な教育を行うため，子どもの知的能力を測定する道具が求められていました。ビネー（Binet, A.）は，シモン（Simon, T.）と共に，個別式の知能検査（Intelligence Test）を開発しました（1905年）。ビネー式の知能検査は，時代の要請と合致していたため，すぐに諸外国に広がりました。とくにアメリカで発展し，ターマン（Terman, L. M.）によって，スタンフォード・ビネー式知能検査が発表されました（1916年）。その後，ビネー式や後述の陸軍式知能検査は言語能力に傾いているとの批判が生まれ，言語を使用しない作業検査が開発されました。また，1939年には，ウェクスラー（Wechsler, D.）によって，成人の知能や個人内差の測定，精神病の鑑別診断を目的としたウェクスラー・ベルヴュー知能尺度（The Wechsler-Bellevue Intelligence Scale）が作成されました。その後，知能検査は，特定の対象や能力を測定する検査の開発へと広がり，乳幼児の発達検査や認知能力の検査が考案されました。

　アメリカでの知能検査は，別の発展もみせます。集団式知能検査の開発です。1914年に勃発した第1次世界大戦は，アメリカでの集団知能測定法の組織化を推し進めました。少し遅れて1917年に参戦したアメリカでは，軍隊の兵員の適正配置が急務で，短時間に大勢の人の能力を知る必要がありました。そこで，ヤーキーズ（Yerkes, R. M.）を中心として，アメリカ陸軍式検査（U. S. Army Test）という集団式知能検査（文字を使用するα式，図形や絵などから成るβ式）が開発されました。集団式知能検査は成功を収め，能力や適性に応じた教育や人事管理など，教育界，産業界での応用に発展していきました。

　また，同大戦時のアメリカでは，陸軍式知能検査の補助として，感情という側面から，軍務に適さない徴募兵を抽出する方法が求められていました。大量の人員に対して専門の精神科医による面接は不可能であったため，簡便な方法の開発が要求されました。そこで，ウッドワース（Woodworth, R. S.）は，自己記入式の「個人調査紙（Personal Data Sheet）」を作成しました（1918年）。この調査紙は，感情的側面からパーソナリティをとらえた新しい取組みであり，MMPIに代表される自己記入式テストの発展へとつながる契機となりました。

上記とは異なる流れで発展したパーソナリティ測定法もあります。中世の時代から，曖昧な刺激が多様な反応をもたらすことは知られていましたが，その反応とパーソナリティとを結びつけたのはロールシャッハ（Rorschach, H.）でした。ロールシャッハは，1921年，インクのしみを使った**ロールシャッハ・テスト**（Rorschach test, Rorschach Inkblot Test）を発表しました（図2.2）。**投影法**（projective tests）によるパーソナリティ・テストの誕生です。その後，投影法の原理に基づいて，**TAT**（Thematic Apperception Test）（1935年）や**P-Fスタディ**（Picture-Frustration Study）（1945年，図2.3），**文章完成法**（Sentence Completion Test；SCT）（1950年）などが開発されました。これらのテストは，現在も発展を続けながら国内外の臨床や研究現場で活用されています。

以上のようにパーソナリティ測定法は，主にテスト開発と共に発展してきたといえます。

日本における個人差測定法は，欧米から輸入されたテストを中心に発達したようです。早期に導入されたのは，知能検査でした。1908年，三宅鉱一がビネーらの知能検査を紹介した後，1919年に久保良英が，1925年に鈴木治太郎（鈴木ビネー）が**標準化**（standardization）を行いました。標準化とは，テストの得点を正しく評定するための基準をそのテストが対象とする集団の中で設定することをいいます。1947年には，田中寛一が「田中びねー式智能検査法」

図2.2 ロールシャッハ・テストの図版例

図2.3 P-Fスタディの図版例

を発表しました(田中ビネー)。第1次世界大戦後には,アメリカと同様に集団式知能検査が開発され,陸軍で使用されました。自己記入式テストとしては,1926年,大伴 茂がウッドワースの個人調査紙などを参考に,情意不安定テストを作成しました。1931年には,石川七五三二がシュプランガー(Spranger, E.)の人格類型論に基づいた石川興味型テストを標準化し,1932年には,淡路円治郎と岡部弥太郎が,ユング(Jung, C. G.)の説などを基に向性検査を発表しました。また,作業検査としては,1924年,内田勇三郎による内田クレペリン精神検査が作られ,1930年,桐原葆見がダウニー(Downey, J. E.)の意志気質検査の日本版を作成しました。第2次世界大戦後は,MMPIや投影法など数多くのパーソナリティ・テストが導入され,国外の主要なテストは,日本において標準化されています。現在では,「パーソナリティ研究」や「心理学研究」などの学術雑誌にみられるように,多種多様なパーソナリティ・テストが開発されています。

2.2 主要なパーソナリティ測定法

　前節に示したように,パーソナリティは,表出された行動や自己報告の内容を通じて,間接的に測定されてきました。現在,主なパーソナリティ測定法には,①自己報告式質問紙(self-report questionnaires;以下,質問紙法),②他者による行動評定(ratings),③客観的行動検査(objective tests),④投影法(projective tests)の4つがあります。

2.2.1 質問紙法

　「あなたはよく笑いますか?」などの複数の質問項目に対して,回答者自身がどのように思うかを回答する方法です。回答方法には,「はい・いいえ」といった二者択一形式や,「とても当てはまる・少し当てはまる・あまり当てはまらない・全く当てはまらない」のような単極尺度形式などがあります。これらの回答について,「はい」は1点,「いいえ」は0点などと数値を割り当て,パーソナリティを数量化して表します。

1. 質問紙法の利点と限界

質問紙法には，①回答者が内省して回答するため，行動観察では把握できないその人の内的経験を知ることができる，②実施と採点が容易であるため，一度で多人数に実施できる，③回答は数量化されるため，客観的数値としてパーソナリティを表すことができる，④数量化された回答に統計的処理を行うことで，一般法則性を導き出すことができる，などの利点があるため，もっともよく使われています。しかし，限界もあります。①自己評定であるため，意識的に回答を変えたり，無意識的な自己防衛による結果として異なる回答を選んだりして，**回答の歪み（バイアス）**が生じる可能性がある，②回答者の主観的な評定であるため，他者は知っているが回答者が自覚していない側面は測定できず，回答者の特徴すべてをとらえられているとはいえない，③質問項目を理解したり，内省したりする力をもっていることを前提としているため，乳幼児のように実施が困難な場合がある，などです。

代表的な質問紙法には，（1）**経験的方法**によって作成されたもの，（2）パーソナリティの**特性論**に立脚したもの，（3）特定の人物のパーソナリティ理論に準拠したものがあります。

(1) 経験的方法によって作成された質問紙

① MMPI（Minnesota Multiphasic Personality Inventory）

1943年，ハサウェイ（Hathaway, S. R.）とマッキンレイ（Mckinley, J. C.）が作成したテストです。基礎尺度とよばれる，4の妥当性尺度と10の臨床尺度から構成されています（表2.1）。臨床尺度は，心気症，抑うつ，ヒステリー，精神病質的偏倚，パラノイア，精神衰弱，統合失調症，軽躁病と診断された患者群と非患者群に質問項目を実施し，両群の回答に統計的に有意な差があった項目をまとめて尺度とするという経験的方法によって作成されました。患者群と非患者群を弁別し得るか否かで項目が構成されているため，どのパーソナリティと関連しているかが分かりにくい項目（隠蔽項目）がある点が特徴的です。また，妥当性尺度は，検査に対する構えや態度などを測定しており，質問紙法の限界である反応の歪曲を発見することができます。公式の日本版は，1993年のMMPI新日本版で，適用対象者は15歳以上です。

2.2 主要なパーソナリティ測定法

表2.1 MMPIの尺度名とその内容

尺度名	具体的な内容
妥当性尺度	
?尺度（疑問尺度）	質問項目の理解，検査への防衛的，非協力的態度など。
L尺度（虚偽尺度）	自分を好ましく見せようとする態度，否認傾向など。
F尺度（頻度尺度）	心理的苦痛，自分に対するネガティブなとらえ方など。
K尺度（修正尺度，対処尺度）	心理的防衛，物事に対する対処など。
臨床尺度	
第1尺度：Hs（心気症）	身体や健康上の心配など。
第2尺度：D（抑うつ）	うまくやれていない感じ，抑うつ感情など。
第3尺度：Hy（ヒステリー）	心理的葛藤に対して身体症状によって責任を回避する傾向など。
第4尺度：Pd（精神病質的偏倚，精神病質）	社会規範を取り込めず反抗や敵意を示す反社会的な行動など。
第5尺度：Mf（男性性・女性性）	反対の性の慣習的な性役割など。
第6尺度：Pa（パラノイア）	妄想的な傾向や猜疑傾向など。
第7尺度：Pt（精神衰弱，強迫神経症）	不安や緊張など。
第8尺度：Sc（統合失調症）	抽象的・非現実的思考や風変わりな傾向，疎外感など。
第9尺度：Ma（軽躁病）	心的エネルギー・活動水準の高さなど。
第0尺度：Si（社会的内向性）	内向的で他者といるより独りでいることを好む傾向など。

(2) パーソナリティの特性論に立脚した質問紙

①YGPI（矢田部ギルフォード性格検査）

ギルフォード（Guilford, J. P.）の性格検査をモデルとして，1957年，矢田部達郎，園原太郎，辻岡美延によって標準化された検査です。適用範囲は小学校2年生から成人までで，12の特性の強弱を測定できます（表2.2）。12の特性の得点に基づいて，5種類の類型（A類：平均型，B類：不安定積極型，C類：安定消極型，D類：安定積極型，E類：不安定消極型）を判定でき，パーソナリティの全体的な理解も可能です（図2.4）。

②16PF（The Sixteen Personality Factor Questionnaire）（1.3.3参照）

キャッテル（Cattel, R. B.）は，特性研究にあたり，日常の行動の観察評定（Lデータ），質問紙法（Qデータ），実験その他客観的検査（Tデータ）を用いました。LデータとQデータに共通する12の特性（A～O）とQデータに固有の4の特性（Q_1～Q_4）を合わせた16の特性をパーソナリティの基本構造

表2.2 YGPIで測定される12の性格特性

各特性を測定する尺度の名称	具体的な内容
D　抑うつ性（Depression）	度々ゆううつ，不安，陰気な悲観的気分。
C　回帰性傾向（Cyclic Tendency）	情緒不安定，気分変易性。
I　劣等感（Inferiority Feelings）	劣等感，自信がないなどの自己の過小評価。
N　神経質（Nervousness）	神経質，心配性，いらいら。
O　客観性のなさ（Lack of Objectivity）	空想性，ねつかれないなど過敏性。
Co　協調性のなさ（Lack of Cooperativeness）	不満が多い，人を信用しないなどの不満性と不信性。
Ag　愛想の悪さ（Lack of Agreeableness）	気が短い，攻撃的な性質。
G　一般的活動性（General Activity）	仕事が速い，動作がきびきびしているなどの活動性。
R　のんきさ（Rhathymia）	気軽，衝動的な性質。
T　思考的外向（Thinking Extraversion）	考えが大ざっぱでのんき。逆方向は思考的内向（Thinking Introversion）。
A　支配性（Ascendance）	社会的指導性（リーダーシップ），反対は服従性。
S　社会的外向（Social Extraversion）	社会的・対人的接触を好む性質，反対は社会的内向（Social Introversion）。

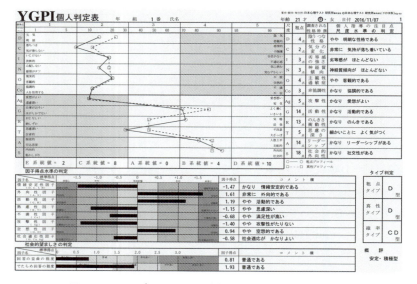

図2.4　YGPI®プロフィールの例（日本心理テスト研究所発行）
＊YGPIは日本心理テスト研究所の登録商標です。

表2.3 16PFで測定されるパーソナリティ特性

特性の種類	低得点者の特徴	高得点者の特徴
因子A（情感）	打ち解けない	打ち解ける
因子B（知能）	知的に低い	知的に高い
因子C（自我強度）	情緒不安定	情緒安定
因子E（支配性）	謙虚	独断
因子F（衝動性）	慎重	軽率
因子G（公徳心）	責任感が弱い	責任感が強い
因子H（大胆）	物おじする	物おじしない
因子I（繊細）	精神的に強い	精神的に弱い
因子L（猜疑心）	信じやすい	疑り深い
因子M（空想性）	現実的	空想的
因子N（狡猾）	率直	如才ない
因子O（罪責感）	自信がある	自信がない
因子Q_1（抗争性）	保守的	革新的
因子Q_2（自己充足）	集団的	個人的
因子Q_3（不安抑制力）	放縦的	自律的
因子Q_4（浮動性不安）	くつろぐ	固くなる
因子Q_I（外向性）	内向性	外向性
因子Q_{II}（不安）	低不安（適応）	高不安
因子Q_{III}（活動性または皮質活性）	心情的	行動的
因子Q_{IV}（社会病質）	依存性	独立性

であると考え，これらを測定する16PFを開発しました（1949年）。16PFでは，16の特性の得点からさらに4つの特性（Q_I〜Q_{IV}）を把握できます（表2.3）。1982年に伊沢秀而らによって日本版が公刊されました。適用対象は16歳以上の成人です。

③ MPI（Maudsley Personality Inventory）

アイゼンク（Eysenck, H. J.）は，パーソナリティの主要次元は，神経症的傾向（neuroticism（N））次元と外向性―内向性（extraversion-introversion（E））次元の2つであると考え，1959年，その2次元を測定するMPIを作成しました。1964年に日本版MPIの手引きが発表され，N尺度とE尺度に，虚偽発見（L）尺度が加えられました。適用対象は中学校卒業以上です。その後，アイゼンクは，MPIを発展させたEPI（Eysenck Personality Inventory），精神病傾向を加えたEPQ（Eysenck Personality Questionnaire），その改訂版のEPQ-R（Eysenck Personality Questionnaire revised）を発表しています。

④ NEO-PI-R（Revised NEO Personality Inventory）（1.4.1参照）

表2.4 NEO-PI-Rの主要5次元と各次元を構成する6次元

5次元	各次元を構成する6次元
神経症傾向	不安, 敵意, 抑うつ, 自意識, 衝動性, 傷つきやすさ。
外向性	温かさ, 群居性, 断行性, 活動性, 刺激希求性, よい感情。
(経験への)開放性	空想, 審美性, 感情, 行為, アイデア, 価値。
調和性	信頼, 実直さ, 利他性, 応諾, 慎み深さ, 優しさ。
誠実性	コンピテンス, 秩序, 良心性, 達成追求, 自己鍛錬, 慎重さ。

1989年, コスタ (Costa, P. T., Jr.) とマクレー (McCrae, R. R.) によって作成されたテストで, パーソナリティの5因子モデルに基づいています。5因子モデルとは, パーソナリティの基本次元は, 神経症傾向 (Neuroticism；N), 外向性 (Extraversion；E), (経験への)開放性 (Openness to Experience；O), 調和性 (Agreeableness；A), 誠実性 (Conscientiousness；C) の5つであるとする考え方です。この検査では, 上記の5つの主要な次元と各次元を構成する6つの下位次元から構成され, 包括的にパーソナリティを測定することができます (表2.4)。1992年, 日本版の作成が開始されました。適用対象は18歳以上です。短縮版として, NEO-FFI (NEO Five Factor Inventory) が作成されています。

(3) 特定の人物のパーソナリティ理論に準拠したもの

① EPPS (Edwards Personal Preference Schedule)

マレー (Murray, H. A.) の欲求表に基づいて, 1953年, エドワーズ (Edwards, A. L.) が作成したテストです。15の欲求 (①達成, ②追従, ③秩序, ④顕示, ⑤自律, ⑥親和, ⑦他者認知, ⑧求護, ⑨支配, ⑩内罰, ⑪養護, ⑫変化, ⑬持久, ⑭異性愛, ⑮攻撃) の強さを測定できます。日本版EPPSは1970年に標準化され, 大学生・成人用と高校生用があります。検査用紙には, 各特性に関係する叙述文が対で示されており, 自分の心情により近いほうの1つを選びます (強制選択法)。2つの叙述文の社会的望ましさの程度はほぼ等しく設定され, 社会的望ましさの影響を軽減する試みがなされています。また, 全225項目のうち, 15項目はまったく同じ叙述文対で, これらの回答の一致度によって回答の信頼性を検討できます。各特性に関する叙述文対のどちらかを

2.2 主要なパーソナリティ測定法

> **コラム2.1 乳幼児のパーソナリティはどのように測定する？——気質**
>
> 　生まれたばかりの子どもにも，行動反応の個人差があり，それは**気質**（temperament）とよばれます。トーマス（Thomas, A.）とチェス（Chess, S.）によるニューヨーク縦断研究（New York Longitudinal Study）以降，国内外において子どもの気質を評価する質問紙が開発されてきました（5.1.1参照）。その一つに，幼児気質質問紙（武井ら，2007）があります。この質問紙は，育児相談場面で養育者に適切な助言を行うためには，養育者の目に映る子どもの姿をとらえる必要があるとの考えのもとに作成されました。よって，この質問紙では，養育者が，自身の子どもがどのような特徴をもっていると思うかを回答します。この質問紙では，子どもの6つの気質を測定することができます（表2.5）。
>
> 　このように，実際どうであるかよりも，その人がいかに感じているかが重要な場合があります。質問紙法の利点である主観性を生かした方法といえます。
>
> **表2.5　幼児気質質問紙で測定される気質の種類と特徴**
>
> | 気質の種類 | 特徴 |
> | --- | --- |
> | 否定的感情反応 | 大泣きする，怒りっぽい。 |
> | 神経質 | 同じ失敗をしない，変化に敏感。 |
> | 順応性 | 初めての環境での慣れにくさ。 |
> | 外向性 | 活動的，人との関わりを好む。 |
> | 規則性 | 食事量，昼寝の時間など生理リズムの規則性。 |
> | 注意の転導性 | よく気がつく，切り替えのよさ。 |

選ぶという回答法であるため，ある特性の得点が高くなると相対的に他の特性の得点は低くなります。よって，個人内の各欲求の相対的強さから個人の特徴を解釈します。

2.2.2 他者による行動評定

　これは評定者が被評定者の日常の行動を観察し，その結果にもとづいて評定するという方法です。

1. 他者による行動評定の利点と限界

　最大の利点は，質問紙法の限界である回答の歪曲を回避できる点です。しかし限界もあります。まず，①評定者の主観を排除した行動評定はできないとい

う点です。たとえば，子どもの「大きな声で泣く」という行動を評定する際，評定者によって，「大きい」と考える声の大きさは異なるかもしれません。つまり，評定者によって評定が変わることがあります。次に，②特定の場面での行動を評定するため，パーソナリティを十分に把握できない可能性があります。時間的制約や被評定者の負担などの理由で，評定者は，限られた場面のみの被評定者の行動を観察します。たとえば，学校場面において物静かな子どもは「おとなしい性格の子」とみなされるかもしれませんが，家庭での姿は違うかもしれません。家庭での姿や学校と家庭での違いもまた，その人のパーソナリティを表しているにも関わらず，学校場面における観察のみでは重要な情報が見落とされることになります。このようなパーソナリティを部分的にしか把握できないという問題は，他の方法にも共通した限界です。さらに，③上記の限界は，評定者の被評定者に関する知識の問題も含んでいます。子どもと養育者のように，評定者が被評定者のことをよく知っている場合は，「大きな声で泣く」の「大きな」は，普段の行動と比較した相対的な評価となるでしょう。また，ある場面で普段と異なる行動をした場合には，パーソナリティというよりも状況の違いに着目されるかもしれません。評定者と被評定者との関係が評定に影響すると考えられます。

2.2.3 客観的行動検査

客観的行動検査とは被検者に一定の課題を行わせ，その結果から，パーソナリティや行動特徴をとらえようとする方法です。代表的な検査には作業検査が挙げられますが，その他にも，生理的反応を測定するなどのさまざまな検査があります（例：レモンドロップテスト……レモン果汁を舌に乗せて唾液分泌量を測定（Eysenck & Eysenck, 1967））。被検者は，何が測定されているのかがよく分からない点，何らかの課題を遂行するという点が投影法と類似しています。

1. 客観的行動検査の利点と限界

利点として，①何が測定されているのか分かりにくいため，質問紙法のような回答の歪みが生じる可能性が低い，②刺激として言語を使用しないため，異なる言語を使う人にも実施できる，③他者による行動評定のように，評定者の

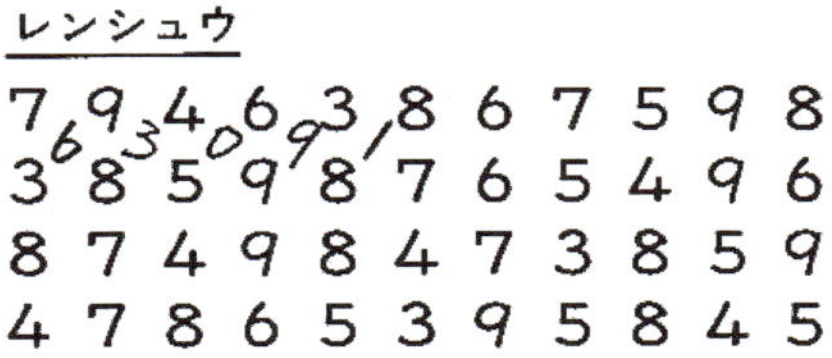

```
レンシュウ
7 9 4 6 3 8 6 7 5 9 8
    6 3 0 9 1
3 8 5 9 8 7 6 5 4 9 6
8 7 4 9 8 4 7 3 8 5 9
4 7 8 6 5 3 9 5 8 4 5
```

図2.5　**内田クレペリン精神検査用紙の一部**（内田著　日本・精神技術研究所発行）

被評定者に関する知識が結果に影響することがない，④実施が容易で一度に多人数に実施できる，などが挙げられます。一方で，①解釈に熟練の技術が必要で誰もが容易に行えない，②作業場面という特定の場面での情報は得られるものの，それ以外の場面での行動はとらえきれない，③検査の種類によっては再現性が低いものがある，などの限界もあります。

代表的な客観的行動検査には，内田クレペリン精神検査があります。

2. 内田クレペリン精神検査

ドイツの精神医学者クレペリン（Kraepelin, E.）は「連続加算法」を用いて作業心理の実験的研究を行いました。その研究にヒントを得て，内田勇三郎が作成したのが内田クレペリン精神検査です（1951年）。日本独自の検査で，作業の処理能力や意欲などを測定できます。実施の方法は，検査用紙に並んだ隣り合った数字を1行目の左端から順番に足し算し，加算した数字の1桁目を用紙に記入します（図2.5）。この作業を1分ごとに行を変え，前半15分間（15段），休憩5分の後，後半15分間（15段）繰り返します。各行の加算された最後の数字を線で結んだ作業曲線や誤答数などから解釈します。

2.2.4　投影法

投影法にはさまざまな種類がありますが，共通した特徴は，多義的な刺激や構造化されていない場面に対する反応から，とくにパーソナリティの隠れた側面（無意識の側面）を測定しようとする点です。自由に反応できる場面では，反応にその人独自の欲求や葛藤，感情などが投影されると仮定されています（図2.6）。

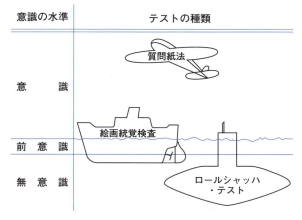

図2.6 投影法と質問紙法によって測定される意識の水準
(Shneidman, 1949を一部改変)

1. 投影法の利点と限界

　利点としては，①多義的で曖昧な刺激を用いるため，テストの意図が分かりにくく，被検者は意図的に反応を歪曲することが難しい，②人が意識できていない無意識の側面を測定することができる，③単にパーソナリティの測定にとどまらず，治療的な役割を果たす可能性も示されている，などが挙げられます。一方で，限界として，①実施に時間がかかり，分析や解釈には熟練した技術が必要とされる，②自分自身で反応を統制することが難しいため，侵襲性が高い，③理論的根拠が薄い，などの指摘があります。代表的な投影法には以下があります。

2. ロールシャッハ・テスト（Rorschach test, Rorschach Inkblot Test）

　1921年，ロールシャッハが発表したテストで，10枚の図版を使います。図版はインクを落として偶然できたしみ（インクブロット）から作られているため，**インクブロット・テスト**ともいわれます（図2.2参照）。適用範囲は，幼児から成人までです。日本では，片口法，エクスナー法（包括システム），阪大法などが開発されています。エクスナー法では，検査者と被検者は対面して座らず，検査者は被検者に図版を1枚ずつ手渡しながら，「これは何に見えますか」と言います（反応段階）。反応段階が終わったら最初の図版に戻り，検

査者は被検者に「(略)答えてくださったものを私も同じように見たいので(略)この図版のどこに見えて,どこからそう見えたのかを教えてください(略)」と言います(質問段階)。検査者は,被検者から①領域(どこに見えるのか),②決定因子(どこからそう見えるのか),③反応内容(それは何か)の3つの情報を得て解釈を行います。

3. 絵画統覚検査(Thematic Apperception Test;TAT)

認知したものを意味的に解釈しようとする心の働きを統覚(apperception)といいます。TATは,1935年マレー(Murray, H. A.)とモーガン(Morgan, C. D.)によって発表された検査です。個人の潜在的な動機と葛藤を測定することを目指しています。日本には,早稲田版,名大版,精研式主題構成検査があります。被検者は,これは空想力の検査であるという説明を受け,絵を1枚ずつ見せられて好きなように物語を作るように言われます。その際,絵に描かれている場面の以前にどんなことがあったのか,どうして絵のようなことが起こったのか,登場人物たちはいま何をしようとしているのか,何を考え感じているか,その後どうなるかをできるだけ細かに話すように教示されます。

幼児児童版として,1948年,ベラック(Bellak, L.)を中心に発表されたChildren's Apperception Test(CAT)があります。日本では,幼児児童絵画統覚検査(日本版CAT)が開発されています。幼児児童版の登場人物は,擬人化した動物(リスなど)で,子どもが投影しやすいように工夫されています。

4. P-Fスタディ(Rosenzweig Picture-Frustration Study)

1945年,ローゼンツァイク(Rosenzweig, S.)が考案した,欲求不満反応を測定する検査です。日本では,林 勝造らによって,児童用(1955年),成人用(1956年),青年用(1987年)が作成されています。検査用紙には,誰もが日常で経験するような,24種の欲求不満場面が線画で描かれています(図2.3参照)。被検者は,右側の人物がどんなふうに答えるかを想像して,吹き出しに言葉を書き入れます。記述内容に表れた欲求不満反応を,アグレッション(Agression)の3つの方向(他責的・自責的・無責的)と3つの型(障害優位型・自我防衛型・要求固執型)という2次元の組合せによって分類し解釈します(表2.6)。

表2.6 P-Fスタディの2次元とその内容（林，2007を一部改変）

アグレッションの方向 \ アグレッションの型		障害優位型（O—D） (Obstacle-Dominance)	自我防衛型（E—D） (Ego-Defence) (Etho-Defence)	要求固執型（N—P） (Need-Persistence)
他責的 (Extrag-gression)	E—A	E'（他責逡巡反応） (Extrapeditive) 欲求不満を起こさせた障害の指摘の強調にとどめる反応。「チェ！」「なんだつまらない！」といった欲求不満をきたしたことの失望や表明。	E（他罰反応） (Extrapunitive) とがめ，敵意などが環境の中の人や物に直接向けられる反応。 E：E反応の変型で，責めに対して，自分には責任がないと否認する反応。	e（他責固執反応） (Extrapersistive) 欲求不満の解決をはかるために他の人が何らかの行動をしてくれることを強く期待する反応。
自責的 (Intrag-gression)	I—A	I'（自責逡巡反応） (Intropeditive) 欲求不満を起こさせた障害の指摘は内にとどめる反応。多くの場合失望を外にあらわさず不満を抑えて表明しない。欲求不満の存在の否定と思われるような反応。障害の存在が自分にとっては有益なものであるといった形の反応語，他の人に欲求不満を引き起こさせそのためにたいへん驚き当惑を示すような反応。	I（自罰反応） (Intropunitive) とがめや非難が自分自身に向けられ，自責・自己非難の形をとる反応。 I：I反応の変型で，一応自分の罪は認めるが，避け得なかった環境に言及して本質的には失敗を認めない反応。多くの場合言い訳の形をとる。	i（自責固執反応） (Intropersistive) 欲求不満の解決をはかるために自分自ら努力をしたり，あるいは，罪償感から賠償とか罪滅ぼしを申出たりする反応。
無責的 (Imag-gression)	M—A	M'（無責逡巡反応） (Impeditive) 欲求不満をひき起こさせた障害の指摘は最小限度にとどめられ，時には障害の存在を否定するような反応。	M（無罰反応） (Impunitive) 欲求不満をひき起こしたことに対する非難を全く回避し，ある時にはその場面は不可避的なものと見なして欲求不満を起こさせた人物を許す反応。	m（無責固執反応） (Impersistive) 時の経過とか，普通に予期される事態や環境が欲求不満の解決をもたらすだろうといった期待が表現される反応。忍耐するとか，規則習慣に従うとかの形をとる。

5. 文章完成法テスト（Sentence Completion Test；SCT）

1950年，ロッター（Rotter, J. B.）が文章完成法（Incomplete Sentences Blank）として発表しました。日本では，精研式や構成的文章完成法などがあります。精研式SCTは，1960年に佐野勝男と槙田 仁によって刊行され，パーソナリ

ティは，「環境」「身体」「能力」「性格」「指向」の5つの側面から把握されると仮定されています。小学生用，中学生用，成人用があり，いずれの場合も，被検者は，「実は私は……」などの不完全な文章が書かれた検査用紙に，続きの文章を記入します。記述された被検者の言葉について，「内容分析・現象学的把握」と「符号評価」という方法を用いて，上述の5つの側面を評価します。

6. 描画法（Projective Drawings）

被検者に絵を描くことを求める方法で，代表的な検査は，コッホ（Koch, K.）によるバウム・テストです。バウム・テストでは，「実のなる木」を描きます。木々が集まり森をなすように人も集まって社会を作ることや，木は直立姿勢を維持した形態を保つという点で人間の姿と類似していることから，木と人間には類似性があり（岸本ら，2010），人が自分を投影して描くのに木がもっとも適している（角野，2004）と考えられています。描かれた木は，形態分析（樹木の形の分析），動態分析（鉛筆の動きの観察），空間象徴の解釈（上下左右に四等分された紙面における樹木の配置）の3側面から解釈されます。

7. ベンダー・ゲシュタルト・テスト（Bender-Gestalt Test）

1938年，ベンダー（Bender, L.）によって発表されたテストです。1枚に1つの幾何学図形が描かれた図版が9枚あり，被検者は1枚ずつ図形を模写するよう教示されます。図形を模写するため，作業検査に分類されることもありますが，模写作業は，単にデザインを正確に知覚し再生することではなく統合する力であり，模写された図形にその人の特徴が表れると考えられています。対象によって施行法と整理法が異なり，児童用（5〜10歳）はコピッツ法，成人用（11歳から成人）はパスカル・サッテル法が代表的です。作業の所要時間，図形の歪みや大きさの不釣り合いなどから解釈を行います。

2.3 知能検査

キャッテルによる16のパーソナリティ因子に知的側面が含まれているように，広義のパーソナリティには知能を含むことがあります。代表的な知能検査（Intelligence Test）には以下があります。

2.3.1 ビネー法

日本では，田中ビネーや鈴木ビネーが代表的です。ビネー法は，ウェクスラー法のように知能を構成するいくつかの能力を別々に測定するのではなく，それらの能力の基礎となる精神機能である「一般知能」を測定しようとしています。同じ年齢集団の子どもの約60～70％が通過できる問題をその年齢級の問題とし，年齢を基準としているため年齢尺度ともいわれます。

田中ビネーの最新版は2003年の「田中ビネー知能検査Ⅴ（ファイブ）」で，適用範囲は2歳から成人です。この検査の特徴は，2～13歳までは，生活年齢に比した知能の発達のスピードをとらえるために，精神年齢と知能指数を算出する点です（図2.7）。しかし，成人（14歳以上）では，原則，精神年齢を算出せず，同年齢集団の中での相対評価で知的発達をとらえる偏差知能指数を算出します。その理由は，たとえば，生活年齢が40歳で，精神年齢が20歳の場合と精神年齢が60歳の場合とではどちらが優れているかは評価できず，成人の場合，精神年齢が知的発達の指標にならないためです。そこで成人の場合は，「結晶性領域」「流動性領域」「記憶領域」「論理推理領域」の4領域別の偏差知能指数や総合偏差知能指数を算出します。また，この検査には，1歳級以下の発達の参考として「発達チェック」項目が設定されています。

- 生活年齢（CA；Chronological Age）……子ども（被検査者）の実際の暦年齢。
- 精神年齢（MA；Mental Age）……知能発達の水準を年齢で表したもの。
- 知能指数（IQ；Intelligence Quotient）……知能の高低や遅速を示す指標。

$$IQ = \frac{精神年齢}{生活年齢} \times 100$$

- 偏差知能指数（DIQ；Deviation Intelligence Quotient）……同一集団内の個人の位置を示す指標。

$$DIQ = \frac{個人の得点（MA）- 同じ年齢集団の平均}{\frac{1}{16} \times 同じ年齢集団の標準偏差（SD）} + 100$$

図2.7　田中ビネー式に関する用語とIQ，DIQの算出方法

2.3.2 ウェクスラー法

ウェクスラー法は，1939年，ウェクスラーが作成したウェクスラー・ベルヴュー知能尺度に始まる検査で，言語性検査と動作性検査から構成されています。現在，日本においては，16〜89歳を対象としたWAIS-III（Wechsler Adult Intelligence Scale-Third Edition, 2006），5歳0カ月〜16歳11カ月を対象としたWISC-IV（Wechsler Intelligence Scale for Children-Fourth Edition, 2010），3歳10カ月〜7歳1カ月を対象としたWPPSI（Wechsler Preschool and Primary Scale of Intelligence, WPPSI-IIIの日本版が作成中）の3種類があります。

コラム2.2　乳幼児の「知能」はどのように測定する？――発達検査

知能検査は，知能を構成すると仮定されるいくつかの能力を個別に測定しようとするものですが，乳幼児は心身の発達が未分化であるため，特定の能力だけを取り出して測定することができません。そこで，乳幼児の知能を測定する際には，発達検査を用います。発達検査には，乳幼児のことをよく知る人物が質問紙に回答する方法や，乳幼児を直接検査，観察する方法があります（表2.7）。

表2.7　主な発達検査の種類と特徴

方法	検査名	特徴
質問紙	乳幼児精神発達診断質問紙	1〜12カ月用，1〜3歳用，3〜7歳用の3種類。 「運動」「探索・操作」「社会」「食事」「生活習慣」「言語」の領域における発達を測定。 発達輪郭表の作成。
直接検査・観察	新版K式発達検査	新生児から成人まで，年齢によって異なる検査用紙（第1葉〜第6葉）を使用。 「姿勢・運動領域」「認知・適応領域」「言語・社会領域」の発達を測定。 発達年齢・発達指数を算出。
	遠城寺式乳幼児分析的発達検査	0〜4歳7カ月まで。 「移動運動」「手の運動」「基本的習慣」「対人関係」「発語」「言語理解」の6つの発達分野を測定。 発達グラフの作成。
	DENVER II	0〜6歳まで。 「個人―社会」「微細運動―適応」「言語」「粗大運動」の4側面の発達状態を測定。

$$\text{偏差IQ} = \frac{15（個人の得点 − 同じ年齢集団の平均）}{母集団での標準偏差} + 100$$

図2.8 ウェクスラー式知能検査における偏差IQの計算式

　ウェクスラーは，知能をいくつかの能力の複合体とみなしており，個人内差の測定に重点をおいています。個人内差を知る指標として，WAIS-IIIでは，「言語理解（Verbal Comprehension；VC）」「知覚統合（Perceptual Organization；PO）」「作業記憶（Working Memory；WM）」「処理速度（Processing Speed；PS）」の4つがあります。WISC-IVにも同様の指標（言語理解，知覚推理，ワーキングメモリ，処理速度）があります。以前は解釈の重要な位置を占めていた言語性IQと動作性IQは，理論的，統計的裏づけがないとされ，WISC-IVでは廃止，WAIS-IIIでは群指数の解釈が優先されています。偏差IQ（deviation IQ）を導入し，同年齢の人の中でのその人の相対的な知的水準を知ることができることもこの検査の特徴です（図2.8）。

2.4　測定に関わる妥当性と信頼性

　パーソナリティは，自己報告や行動を通じて，推定されるものです。パーソナリティのように推測的に構成される概念を構成概念（construct）とよびます。構成概念を測定するためには，2つの条件，妥当性（validity）と信頼性（reliability）を満たさなければいけません。まず，妥当性とは，測定しようとしているものを正確に測定できている程度のことです。たとえば，「外向性」という構成概念を測定しようとする質問紙は，「外向性」を正確に測定できていなければいけません。伝統的な考え方では，正確に測定できているかどうかを示す指標として，内容的妥当性，基準関連妥当性（併存的妥当性，予測的妥当性），構成概念妥当性があるとされてきました（表2.8）。1980年代以降は，内容的妥当性も基準関連妥当性も測定内容の概念を確認することであり，すべての妥当性は構成概念妥当性に収斂される（並木，2006；村山，2012）という

表2.8 妥当性の種類と信頼性の検討方法

妥当性	内容的妥当性（content validity）	テスト項目に測定したい内容が偏りなく含まれていることを示す指標。
	基準関連妥当性（criterion-related validity）	何らかの外的基準との関連性を示す指標。テスト結果が同時期に他の方法で得られた結果とどの程度一致するかを示す指標を併存的妥当性（concurrent validity）といい、テスト結果にもとづいて行う予測が将来の行動とどの程度一致するかを示す指標を予測的妥当性（predictive validity）という。
	構成概念妥当性（construct validity）	理論的に関連があると予測される他の構成概念との関連性を示す指標。
信頼性	再テスト法（test-retest method）	同じテストを期間をおいて2回実施し、結果の相関係数を算出する。
	折半法（split-half method）	1つのテストを二分して実施し、結果の相関係数を算出する。
	α 係数	テスト項目の得点間の相関関係にもとづいて算出する。

「単一的な妥当性概念（unitary concept of validity）」が提唱されています。

次に、信頼性とは、偶然の測定誤差に左右されない、測定結果の安定性の程度のことです。たとえば、同じ人に「外向性」を測る質問紙を複数回実施して、毎回測定値が異なっていれば、結果が安定していないといえます。結果の安定性を評価する観点には、①時間的安定性（temporal stability）と、②内的一貫性（internal consistency、テスト内容の等質性）があります。①を確かめる主な方法には、再テスト法があります。②を検討する方法には、折半法やクロンバック（Cronbach）のα係数の算出があります。今日では主に、α係数が用いられています。従来、信頼性は、妥当性とは区別されてきましたが、上記の「単一的な妥当性概念」の考え方では、結果の安定性は、安定したパーソナリティを測定していると解釈できることから、信頼性もまた構成概念妥当性を支える証拠の一つととらえられるとされています。

2.5 まとめ

パーソナリティを測定する方法は、それぞれ利点と限界を持ち合わせているため、目的や対象に応じて適切な方法を選択することが必要です。また、いず

れか1つの方法で深遠なる人のパーソナリティを測定することは不可能で，複数の測定方法を組み合わせたり，テスト・バッテリーを組んだりして，多角的な視点でパーソナリティを把握することが重要です。

復習問題

1. パーソナリティ測定法はどのように発展してきましたか？
2. 代表的なパーソナリティ測定法には，それぞれどのような利点や限界がありますか？

参考図書

ポップルストーン，J. A.・マクファーソン，M. W. 大山　正（監訳）西川泰夫ら（訳）（2001）．写真で読むアメリカ心理学のあゆみ　新曜社

　ゴルトンの身体測定研究室や陸軍知能検査など，歴史的価値の高い多数の写真があり，文字だけでは分からない当時の様子を知ることができます。

下仲順子（編）（2004）．臨床心理学全書6　臨床心理査定技法1　誠信書房
皆藤　章（編）（2004）．臨床心理学全書7　臨床心理査定技法2　誠信書房

　臨床心理査定という視点からパーソナリティ測定法が網羅され，初学者から専門家まで読み応えがある良書です。

Eysenck, M. W. (1994). *Individual differences : Normal and abnormal.* Hove : Lawrence Erlbaum Associates.

　基礎理論から，測定法，心理療法まで，パーソナリティ心理学の概観を理解するのに役立ちます。英文テキストに挑戦したい人，大学院入試対策用にお勧めします。

第3章 感情と認知

　私たちは，常に何かしらの感情（emotion）を感じています。また，身の回りには感情を喚起させる道具や情報にあふれています。このように，私たちの生活と感情は切り離すことはできません。さらに，私たちの認知（cognition）や行動は，感情によって影響を受けることが知られています。ここでの認知とは，情報を見たり，覚えたり，思い出したり，判断したりするこころの働きのことです。たとえば，私たちは，悲しい感情のときには，悲しいことばかり思い出す傾向がありますが，一方で，私たちは，何とかして悲しい感情を調整して，悲しい感情を減らして，楽しい感情になろうとします。感情と認知研究では，前者を感情一致効果（emotion congruent effect），後者を感情制御（emotional regulation）とよびます。このように，本章では，私たちの日常生活に関連が深い感情と認知の関係について説明していきます。

3.1 感情と認知研究における2つの感情

　感情と認知の研究における感情には，情報の感情価と参加者の感情状態という2つの側面があります。

　感情価（emotional valence）とは，情報がもつ感情的情報量のことです。感情価には，特定の感情を喚起させる情報が含まれているもの（たとえば，誰かが怪我をしている写真や戦争などのネガティブな考えを喚起する単語）や，情報そのものが感情的な情報をもつもの（たとえば，感情を表している顔）があります（図3.1）。

　感情状態（emotional state）とは，参加者が経験する感情の状態のことをさします。たとえば，私たちが日常的に感じる楽しい感情とか悲しい感情のことです。また，抑うつや不安などの精神疾患に関連する感情状態も含まれます。感情状態は，気分（mood）や情動（affect）のように類似した用語があり，

第3章 感情と認知

中　立　　　　　　喜　び　　　　　　怒　り

図3.1　感情価をもつ表情刺激の例（Beaupré & Hess, 2005を改変）

厳密に定義することは非常に難しいです。感情と認知研究の領域では，感情・気分・情動（affect）の3つの用語は相補的であり，相互に置き換えることができます。たとえば，気分一致効果は，感情一致効果（emotion congruent effect）や情動一致効果（affect congruent effect）と置き換えることができます。

　しかしながら，感情・気分・情動の三者の意味を考えることは，感情と認知研究をよりよく理解する際に有効であると考えられます。そこで，ここでは，持続時間と強度の視点から感情・気分・情動の定義を試みたフォーガス（Forgas, J. P., 1992）を紹介します（表3.1）。まず，感情は気分や情動の両方を含む包括的な概念と考えます。気分は，持続時間が長く，その強度は弱いものと考えます（Forgas, 1992）。そして，気分の先行要因は，明らかである場合と明らかでない場合があります。さらに，気分は，ポジティブ気分やネガティブ気分などのように大まかにしか区分することができません。情動は，持続時間が短く，その強度は強いものであると定義し（Ekman, 1984），情動の先行要因は明確です（Forgas, 1992）。また，情動の内容を怒りや恐れなどのように細分化することができ，その情動に対応した表情があると考えます（Ekman, 1984）。本章では，気分や情動の区別をなくし，すべて感情という表現で統一して紹介していきます。

　上記の2つの感情をもとに，感情と認知研究のテーマは，①参加者の感情状態に注目した研究，②情報の感情価に注目した研究，③情報の感情価と参加者

表3.1 気分と情動の違い

	持続時間	強度	先行要因	種類
気分	長い (数十分から数日)	弱い	明確でない こともある	大まか (ポジティブやネガティブ)
情動	短い (数秒から数分)	強い	明確である	細かい (怒り,恐怖,喜び,幸福)

の感情状態の相互作用を検討した研究,に分けることができます。次に,この3つの研究テーマについて,研究が比較的多い記憶の領域に注目しながら説明していきます。

3.1.1 参加者の感情状態に注目した研究

参加者の感情状態に注目した研究で得られた代表的な現象としては,**記憶欠損**（memory deficits）,**感情依存記憶**（emotion dependent memory）の2つがあります。

記憶欠損とは,抑うつ状態において全般的に記憶機能が低下する現象のことです。抑うつ患者の認知機能が低下することは従来から指摘されており,記憶機能の問題についても古くから注目されてきました。たとえば,ブレスローら（Breslow, R. et al., 1980）は,ウェクスラー記憶尺度を用いて抑うつ患者と健常者とを比較し,抑うつ患者では全般的に記憶の障害が存在することを示しています。またエリスら（Ellis, H. C. et al., 1984）は,健常者に実験的に誘導した抑うつ感情と中立感情における再生を比較したところ,抑うつ感情において記憶のパフォーマンスが低下することを報告しています。

感情依存記憶とは,ある特定の感情状態で学習した材料は,検索時の感情状態が異なる場合よりも学習時と同じ感情状態のもとで再生した場合のほうが,記憶の成績が良くなる現象のことです。たとえば,幸せな感情のときに見た景色を幸せなときに思い出したり,悲しい感情のときに聴いた音楽が悲しいときに心に浮かぶといった現象がこれに当たります。後述する感情一致記憶と異なる点は,感情依存記憶では,刺激の感情価に関してはほとんど問題としていないという点です。この感情依存記憶の生起パターンをまとめたものが表3.2で

表3.2 感情依存記憶の生起パターン

学習時の感情	検索/再生時の感情	予想される記憶成績
ポジティブ感情	ポジティブ感情	記憶成績は高い（感情依存効果が生起）
ポジティブ感情	ネガティブ感情	記憶成績は低い
ネガティブ感情	ポジティブ感情	記憶成績は低い
ネガティブ感情	ネガティブ感情	記憶成績は高い（感情依存効果が生起）

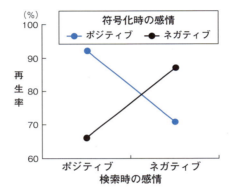

図3.2 感情依存記憶の典型的なパターン（Kenealy, 1997を改変）
ポジティブ（ネガティブ）感情で覚えた情報は，ポジティブ（ネガティブ）感情時に思い出した場合に成績が良くなります。

す。

　感情依存記憶研究の手続きは，参加者をある感情に誘導して刺激を学習させ，再生時の感情が学習時の感情と一致する場合と不一致の場合の再生率を比較するというものです。たとえば，ケネアリー（Kenealy, P. M., 1997）は，ポジティブ感情やネガティブ感情の下で，参加者に情報を覚えてもらい，その後，いずれか一方の感情の下で記憶テストを行いました。その結果，学習時と再生時の感情が異なる場合の再生率が悪く，一致した場合の再生率が良くなるという感情依存記憶のパターンが得られたことを報告しています（図3.2）。

3.1.2 刺激の感情価に注目した研究

情報の感情価が記憶に及ぼす影響を調べた研究には，感情価をもつ刺激が記憶に及ぼす影響を調べた研究と感情価をもつ文脈が記憶に及ぼす影響を調べた研究があります。前者の研究は，快語（たとえば，赤ちゃんや流れ星など）や不快語（たとえば，戦争や戦車など）を用いた研究，快な感情価をもつ写真や表情や不快な感情価をもつ写真や表情を用いた研究が当てはまります（たとえば，図3.1）。後者の研究は，覚える対象ではなく，その背景や文脈に感情的な情報が含まれている研究です。たとえば，感情価をもたない刺激と感情価を含む刺激を同時提示したり，覚えるべき刺激の前後に感情価を含む刺激を提示したりするという実験状況です（図3.3）。

覚えるべき刺激そのものに感情価を含む刺激を用いた研究では，快な情報や不快な情報をもつ刺激や情報は，感情価をもたない刺激や情報よりも良く記憶されるという結果が繰返し報告されています。さらに，興味深いことに，感情的な背景や文脈と合わせて提示された中立刺激は，感情価をもたない背景や文脈で提示された場合より，記憶成績が促進されるということも分かっています。メドフォード（Medford, N.）は，覚える対象の不快語と中立語を含む感情的

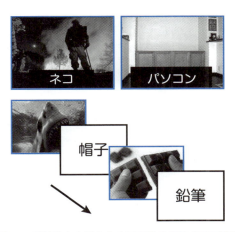

図3.3 感情的な文脈とともに刺激を提示する実験例
上段は感情的な写真と単語を同時に提示する実験例（左図），下段は覚える単語の前後に感情的な写真を提示する実験例です。

な文脈（不快な意味をもつ文章と感情的な意味をもたない中立的な文章）をもつ文章刺激を用いて実験を行いました。刺激の例は，表3.3に示した通りです。その結果，感情価をもつ不快語と不快な文脈で提示された単語は，中立語と中立な文脈で提示された単語よりも記憶成績が良くなることを報告していま

表3.3 感情語と感情的文脈を用いた実験例（Medford et al., 2009を改変）

感情的な文章	中立な文章
He stood on the balcony and watched the riot. （彼はバルコニーに立ち，騒動を見た。）	He stood on the balcony and watched the tide. （彼はバルコニーに立ち，潮流を見た。）
He would abuse the children at every party. （彼は，すべてのパーティで子どもを虐待するだろう。）	He would amuse the children at every party. （彼は，すべてのパーティで子どもを笑わせるだろう。）
There was a scream in the hall. （部屋の中で騒音がした。）	There was a carpet in the hall. （部屋の中にカーペットがあった。）
The parcel contained a bomb. （この小包には爆発物が入っていた。）	The parcel contained a bowl. （この小包には大皿が入っていた。）

記憶テストの対象は，下線と波線の単語です。下線の単語は，中立語であり，感情的な文章と中立的な文章で共通しています。一方で，波線の単語は，感情的な文章と中立的な文章で感情価が異なっています。感情的な文章では不快語であり（たとえば，riotやabuse），中立な文章では中立語です（たとえば，tideやamuse）。参考までに，括弧内に日本語訳をつけました。この日本語訳は実験時には提示されていません。

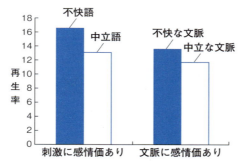

図3.4 刺激に感情価を含めた実験結果と文脈に感情的意味をもたせた実験の結果
（Medford et al., 2009を改変）

す (Medford et al., 2009；図3.4)。つまり，刺激の感情価を直接操作できない場合であっても，刺激を提示する文脈を操作することで，記憶成績などを向上させることができる可能性があるのです。

3.1.3 刺激の感情価と参加者の感情状態の両方を扱った研究

参加者の感情状態と刺激の感情価の両方を扱った研究の代表的な研究は，**感情一致記憶**（emotion congruent memory）です。感情一致記憶とは，特定の感情のときにその感情と一致した感情価をもつ刺激の記憶成績が，一致しない感情価をもつ刺激の記憶成績よりも良くなる現象のことです（Bower, 1981）。たとえば，ポジティブ感情の参加者は快の感情価をもつ情報を不快の感情価をもつ情報よりもよく覚え，一方で，ネガティブ感情の参加者は，不快の感情価をもつ情報を快の感情価をもつ情報よりもよく覚える現象のことです。

たとえば，野内と兵藤（2006）はクラシック音楽を用いて，参加者をポジティブ感情かネガティブ感情かに誘導した状態で，快語と不快語を学習させました。その後，学習時に見た単語を自由再生させたところ，ポジティブ感情の参加者は快語を，ネガティブ感情の参加者は不快語をよく思い出すという感情一致記憶が生起しました（図3.5）。さらに，野内（2007）は，感情誘導を行わない自然に生起した感情状態であっても，感情一致記憶が生起することを報告

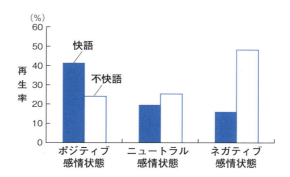

図3.5 **感情一致記憶の結果例**（野内と兵藤，2006を改変）
ポジティブ感情状態のときには快語を，ネガティブ感情状態のときには不快語をよりよく覚えています。

しています。このように，感情一致記憶は，感情誘導の有無に関係なく生起することが分かっています。

　感情一致記憶は，厳密に区分すると感情一致符号化（emotion congruent encoding；野内と兵藤，2006）と感情一致検索（emotion congruent retrieval；たとえば，川瀬，1992）に分けることができます。両者の違いは，刺激の符号化（学習）段階の有無です。感情一致符号化は，刺激の符号化段階があり，記憶の指標は符号化時に提示された刺激になります。一方，感情一致検索は刺激の符号化段階がないため，自伝的記憶の想起を用いたものが多くなります。

3.2　感情と認知研究における重要なモデル

　感情と認知研究には，先述したように多くの現象が報告されており，さまざまなモデルが提案されてきました。ここでは，感情価と感情状態の両方に注目した感情一致記憶を説明する有力なモデルを紹介します。感情一致記憶を説明するモデルは，記憶構造に注目したもの（ネットワークモデルとスキーマモデル）と処理過程に注目したもの（感情混入モデル）の2つに分けることができます。これらのモデルは，感情価と感情状態の両方を扱っているため，感情価のみに注目した現象や感情状態のみに注目した現象の理解にも役立つと考えられます。

3.2.1　ネットワークモデル

　ネットワークモデル（network model）のうち，意味ネットワークモデル（たとえば，Collins & Quillian, 1969；Collins & Loftus, 1975）では，関連のある概念はノード（node）として相互に結合していると考えます。ある情報を受容するとそれに対応するノードが活性化され，そのノードに結びついている周辺のノードにも活性化が広がります。ノードの活性化水準の上昇はその概念への接近可能性（accessibility）を意味し，あらかじめ活性化されている概念に対する処理が促進されると仮定します。

　バウアー（Bower, G. H.）は，このネットワークの中に感情を表すノードを

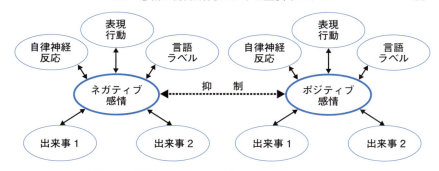

図3.6 **感情ネットワークモデル**（Bower, 1981を改変）

新たに追加し，その感情ノードからの活性化の拡散によって，それに結びついているノードが自動的に活性化されると考えました（図3.6）。たとえば，ある特定の感情は，それに対応する感情（悲しみ）ノードを活性化し，活性化されたノードに関連する出来事（友人の葬式）の処理を促進すると予想します。

3.2.2 スキーマモデル

ベック（Beck, A. T., 1967）は抑うつ者や抑うつ傾向者の情報処理がネガティブに歪められているのは，独特の抑うつスキーマ（schema）をもち，それが活性化しやすいためだと考えました。つまり，固定的な抑うつスキーマが，ネガティブな感情価をもつ情報に注意を向け，それを記憶したり，ネガティブに解釈したりすると仮定しました。この**スキーマモデル**（schema model）では，参加者のもっている複数のスキーマのうち，感情特性と関連したセルフスキーマの内容に一致した材料だけが選択的に取り込まれるために感情一致記憶が起こると考えます。

ネットワークモデルやセルフスキーマモデルは，ともに知識構造をベースとしています。ネットワークモデルでは自動的な活性化を，スキーマモデルではセルフスキーマに関連した内容のみの選択的な活性化を想定している点で異なると考えることができます（伊藤，2001）。

3.2.3 感情混入モデル

感情混入モデル（Affect Infusion Model：AIM）は，もともと感情が情報処理の方略選択に及ぼす影響を理論化したものです（Forgas, 1995）。このモデルでは，4つの方略（直接アクセス型方略，動機充足型方略，ヒューリスティック型方略，実質型方略）があり，ヒューリスティック型方略と実質型方略において感情の影響があると考えます（表3.4）。

直接アクセス型方略は，よく知っている典型的な判断対象に対して用いられる方略で，直接的に検索された既存の知識にもとづく自動的な判断です。既存の反応に対して感情が混入する余地は小さいため，感情の影響があまりないと考えます。

動機充足型方略は，特定の目標が存在する場合に用いられる処理方略です。目標に対して選択的な処理がとられるため，感情の影響が少ないと考えます。

ヒューリスティック型方略は，課題がシンプルで，個人的関与も低い場合，認知容量が制限されている場合に，感情という利用可能な情報を利用すると仮定します。ヒューリスティック型方略による判断は，対象の表面的な手がかりによってなされやすく，そのときの感情状態も判断の情報源として利用されるため，この過程には感情の影響がみられます。

実質型方略は，課題が複雑で非典型であり，処理に対する目的がなく，認知容量が十分にあると，感情は記憶のネットワークを通じて，その感情と結びついた情報を選択的に利用すると考えます。実質型方略は，対象に関する新し

表3.4 感情混入モデルの特徴

方略	感情の影響	課題の性質	処理方略
直接アクセス型方略	小さい	過去の記憶や経験を利用	自動的・無意識的
動機充足型方略	小さい	過去の記憶や経験を利用	統制的・意識的
ヒューリスティック型方略	大きい（ポジティブ感情）	新しい情報処理や目標設定が必要	自動的・無意識的
実質的型方略	大きい（ネガティブ感情）	新しい情報処理や目標設定が必要	統制的・意識的

い情報を解釈し、それを既存の知識と関係づけて判断するやり方です。感情状態は、記憶内の知識に対する接近可能性を変えるため、ネットワークモデルに沿った感情の影響がみられます。

このモデルでは、ヒューリスティック型方略はポジティブ感情の下で、実質型方略はネガティブな感情の下で駆動されやすいと仮定している点に注意する必要があります。

3.3 感情制御

ここまで、主に感情状態が認知プロセスに及ぼす影響について説明してきました。しかしながら、私たちは、ネガティブな感情状態にあるときには、自発的にポジティブな感情になろうとさまざまな行動をとります。たとえば、ネガティブな感情状態のときには、私たちは、体を動かしたり、現在の状況を再解釈しようとしたりすると思います。この取組みを**感情制御**(emotional regulation) といいます。感情制御とは、感情反応の質や生起頻度、持続時間を認知的、生理的、行動的に制御すること、と定義できます（Eisenberg et al., 2000）。代表的なネガティブ感情の制御方法の代表例を表3.5にまとめました（木村、2006）。どの方法を用いてもネガティブ感情は低減することができることが分かっています（6.2.3, 6.2.6, 8.2.2参照）。

最近では、表3.5で取り上げた方法以外にも、認知活動を行うことでネガティブ感情が低下することが報告されています。タケウチら（Takeuchi, H. et al., 2014）は、作業記憶訓練を4週間行うことで、ネガティブ感情が減ること

表3.5　ネガティブ感情の制御の方法（木村、2006を改変）

ネガティブ感情の表出	ネガティブな感情を言語的に開示すること。
ディストラクション	ネガティブな出来事から無関連なものに注意を移すこと。
再評価	ネガティブな出来事に対して何らかの意味を見つけること。
考えること	ネガティブな出来事に対して積極的に考えること。
運動・リラクゼーション	運動することや香りなどを利用すること。
社会的サポート	ネガティブな出来事を誰かに話すことやアドバイスを受けること。

を報告しています。このように，近年では，認知活動で感情状態を調整するという研究に関心が集まっています。

3.4 感情と認知に関係する脳内メカニズム

　脳の活動や形態を画像化する技術であるニューロイメージング技術の発達に伴い，感情と認知に関係する脳内機序が明らかになりつつあります。MRI

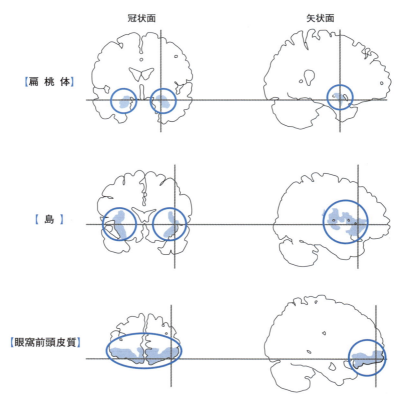

図3.7　感情に関係する脳部位（扁桃体・島・眼窩前頭皮質）
脳を左右軸に垂直に切り取った面を矢状面，脳を前後の軸に垂直に切り取った面を冠状面とよびます。丸で囲ってある部分が，扁桃体（上段），島（中段），眼窩前頭皮質（下段）です。

(Magnetic Resonance Imaging；核磁気共鳴画像法）は，磁気の力を用いて脳の活動や形態を調べるニューロイメージング技術です。MRIを用いた研究から，感情に関係する脳部位として**扁桃体**（amygdala），**島**（insula），**眼窩前頭皮質**（orbitofrontal cortex）が重要であることが分かっています（図3.7）（6.2.5参照）。本章で取り上げた，感情が記憶成績を促進する現象を支える神経基盤としては，記憶に関係する脳部位である海馬と感情に関係する扁桃体が相互作用することで，記憶成績が向上すると考えられています（Labar & Cabeza, 2006）。感情と認知を扱った研究は，心理学だけでなく脳科学においても多くの関心を集めています。

3.5　将来の展開

　本章では，感情と認知研究の代表的な現象やモデルについて説明してきました。感情と認知研究の将来的な方向性としては，2つあると考えられます。1つは，より日常的な感情に焦点を当てた研究です。最近では，「かわいい」という日常的な感情の意義などが積極的に研究されています（Nittono et al., 2012）。今後は，特定の感情と認知の関係をより明らかにすることが期待されています。2つ目は，加齢が感情と認知に及ぼす影響を検討する研究です。たとえば，高齢者はポジティブ情報をよりよく覚える傾向にあることが報告されています（Charles et al., 2003）。このような快の感情価をもつ情報をよく覚えている現象を，ポジティブ優位性効果とよびます。高齢者でこのポジティブ優位性効果が生起するのは，加齢に伴いポジティブな感情状態を高めて，維持しようとする動機づけが働くからではないかと考えられています（6.2.7参照）。このように感情と認知研究に加齢の視点を加えることで，感情と認知に関係する行動・現象の存在意義について明らかにすることができる可能性があります。

　感情は，私たちの生活になくてはならないものです。そのため，感情が行動や認知に及ぼす影響を明らかにすることは，私たちの日常的な行動の疑問を解決するヒントになり，よりよい社会生活を送ることにつながると期待されています。

復習問題

1. 感情依存記憶と感情一致記憶を説明し，2つの現象はどのように異なるのかを説明してください。
2. ネットワークモデルとスキーマモデルの違いについて説明してください。
3. ネガティブ感情を軽減させる感情制御の方法には，どういうものがあるか，その具体的な例を考えてください。

参考図書

大平英樹（編）（2010）．感情心理学・入門　有斐閣アルマ

　感情と認知に限らず，感情に関係する心理学の研究を広く扱っています。初学者でも理解できるように分かりやすく書かれている一冊です。

藤田和生（編）（2007）．感情科学――Affective Science――　京都大学学術出版会

　感情の働きをさまざまな心理学の分野からまとめた一冊です。感情が日常行動に及ぼす影響や感情研究の現状を知ることができる中級者向けの図書です。

高橋雅延（2008）．認知と感情の心理学　岩波書店

　感情が認知に及ぼす影響について主に記憶の現象を中心にまとめてある一冊です。感情と認知についてもっと知りたいと思う中級者向けの図書です。

第4章
感情と動機づけ

　あなたは志望校に合格したとき，思わず「やったあ」と叫んだり，友だちと抱き合ったりしませんでしたか。あるいは叫ばなくても，合格を保護者に伝える電話の声が思わずいつもよりも大きくなったり，うわずったりしませんでしたか。

　それとは対照的に，好きな人から振られてしまい，とても悲しくなったこともあるのではないでしょうか。そんなときは，友だちと会っても，暗く沈みがちな声になったり，気づかずに浮かない顔をしているかもしれません。また，思わず自分のつらい気持ちを友だちに訴えて，少しでも心を軽くしようとすることもあるかもしれません。

　このように，人は何かの出来事について評価することで感情を経験するのですが，感情はそれだけにとどまらず，具体的な行動を促す現象でもあるのです。このような積極的な行動のプロセスを，心理学では動機づけとよびます。

　この章では，感情と動機づけの関係に焦点をあてながら，動機づけについて説明したいと思います（詳しくは上淵，2008を参照）。

4.1　感情と動機づけの関係

　感情自体，とても複雑な心の現象なのですが，そこには心の内外にある刺激への評価（あるいは価値づけ）があり，そのときに経験する気持ち（主観的経験）が重要と考えられます。それにとどまらず，感情が生じることで，一定の行動や反応が引き出されることもあるでしょう。

　このように考えると，感情と動機づけはある種の心のプロセスだということができます。

　上記の例をもう一度考えてみましょう。好きな人に振られるという出来事（一種の刺激）があったとすると，それは当人にとって不快なものと判断（評価）されるでしょう。そのような評価に基づいて，その人は，沈んだ表情になり，声も低くなり，さらに出来事について友だちに語る，という行動に出るか

もしれません。このように，動機づけも一定の心のプロセスと考えることができます。両者は単純で一時的な心の状態というだけではなく，次の心の動きや行動につながっていくプロセス，という意味では共通点があることが分かります。

しかしながら，感情については，一般的にプロセスという観点から眺めるよりは，むしろどのような気持ちになったのか，どのような表情をしたのか，といった質的な違いに着目することが多いのではないでしょうか。一方，動機づけは「やる気に満ちている」「時給が上がってモチベーションが高まった」というような言い方がよくされるように，積極的な行為や行動と関係づけて語られることが圧倒的に多いと思います。

したがって，感情と動機づけは，第1に，かなり似た心理現象だと考えられます（次の節では，感情と動機づけが重なる現象だということにふれます）。第2に，着目されたり，強調される面が異なる，ことも指摘しておかなければなりません。これらをまとめると，図4.1，図4.2，図4.3のようになります。

ここまで，動機づけについて明確な定義をせずに，話を進めてきましたが，動機づけの定義を示しておこうと思います。

動機づけとは，目標志向的な心理行動的プロセスだといえます。つまり，何らかの目標に対して接近したり（目標が正の目標の場合），あるいは目標を回避したり（目標が負の目標の場合）する心や行動のプロセスです。図4.3では，便宜上，動機づけのプロセスを動機，行動・認知，結果の3つの段階に分けて

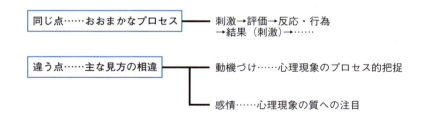

図4.1　感情と動機づけの同じ点・違う点

4.1 感情と動機づけの関係

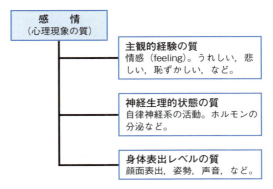

図4.2 感情への注目点

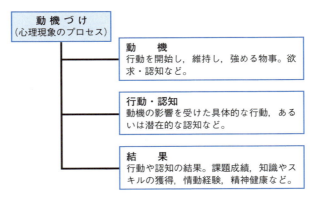

図4.3 動機づけへの注目点

います（詳細は図4.4）。

しかし，実際には，「動機」の前に，刺激がある場合も多いでしょう。さらに，実際の人の心の活動は一直線上で完全に理解できるほど単純ではなく，循環的であったり，要素同士が相互作用的な関係にある場合も考えられます（図4.5）。

また，動機づけには次のような特徴があります。
1. プロセスが始発する契機（動機）がある。
2. 方向性（志向性）がある。

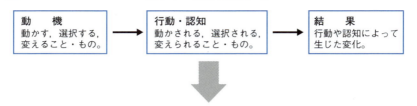

図4.4 動機づけのプロセスの詳細

図4.5 実際の動機づけのプロセス

3. 強さ（強度）がある。
4. プロセスの続く時間（持続性）は限定的。

4.2 感情のもつ動機づけ機能

　感情，とくに情動（emotion）のもつ特徴に，特定の行動傾向というものがあります。たとえば，怒りが生じるときには，攻撃行動が生じやすくなりますし，恐れが生じると，回避行動が生じやすくなります（Frijda, 1986）。こうしてみると，感情，その中でも情動は，行動を動機づける機能をもっているといえると考えられます（表4.1）。なぜならば，情動には，少なくとも，ある目的状態に向かってプロセスが進む方向性（志向性）があるといえるからです。

　以上のことから，動機づけと感情は，必ずしも独立した心理状態とはいえないことが分かります。やはり，前節で説明したように，両者は，心の状態に対する特定の面を強調したときのよび方，と考えたほうがよい場合もあります。しかし，これから説明するように，動機づけの研究では必ずしも感情が登場しない理論やモデルも存在します。なので，動機づけと感情はまったく同じ心のあり方とは言い切れず，部分的に特徴が重なっている，というに留めたいと思います。

表4.1 情動の種類と行為傾向の関係 (Frijda, 1986)

種類	機能	行為傾向	目的状態
欲望	消費	接近	アクセス
喜び	準備	自由な活動	
怒り	コントロール	敵対的	障害の排除
恐れ	防衛	回避	自分に近寄れないようにする
興味	接近	注目	対象の特定
嫌悪	防衛	拒否	対象の排除
不安	注意	抑制	反応しない
満足感	回復	休止	

4.3 動機づけの種類

ここまでは、感情と動機づけの関係についてみてきましたが、動機づけにもさまざまな種類があります。

研究者によって分類の仕方はさまざまですが、ここ数十年の動機づけ研究で重視されているものには2つの要因があります。それは、期待と価値です。

期待（expectancy）とは、行動結果が望ましいこととなるか否かの予測を指します。価値とは、行動結果への価値づけのことです。どちらも、客観的には同じことであっても、人によって推測や意味づけは異なります。

たとえば、1対1のゲームで対戦相手に勝てるかどうかの予測は、人によって違うでしょう。大希さんは100％勝てると思っているけれど、裕里さんは50％ぐらいと思っているかもしれません。あるいは、清美さんのように、勝てるどころか、負ける確率が70％と思っている人もいるかもしれません。このように、期待とは、必ずしも当人にとって良い結果の予測だけではありません。よくない結果の予測も期待に含まれます。そのため、期待という言葉を使わずに、予期という人もいます。

一方、価値（value）とは、文字通り、行動した結果に対する価値づけのことです。これも人によって異なるでしょう。たとえば、麻友さんは来週に迫ったピアノのコンクールで入賞することを目指していますが、亜砂さんは、コンクールには応募したけれど、入賞することなどとくに考えていないとしましょ

う。この場合は，コンクールでの入賞という事柄について，麻友さんは価値をおいていますが，亜砂さんは価値をおいていないことになります。

このように考えると，正の期待が高く，また結果に対する価値づけが高いほうが，実際の動機づけが強いことが分かります。

次節以降は，期待と価値のそれぞれについて検討していきます。

4.4 原因帰属

原因帰属（causal attribution）とは，物事の原因が何かを考えるという，推論過程の一種で，主に社会心理学の分野で研究されてきました。ここでは，原因帰属の考え方を動機づけの分野で広めた，ワイナー（Weiner, B.）の原因帰属理論について説明します。

4.4.1 帰属因と帰属次元

ワイナーの原因帰属理論で鍵となる概念は，帰属因と帰属次元です。まず，帰属因（attributional cause）とは原因を帰属する理由のことです（営業先で失敗したのは，運が悪かったからだ。今月の売上げが伸びたのは，努力したからだ等）。一方，帰属次元（attributional dimension）とは，帰属因の特徴を構成するやや抽象的な軸を指します。ふつう2つあるいは3つの次元が想定されています。

4.4.2 帰属次元の種類

ワイナーは，3つの帰属次元を提案しています。それは，統制の位置（後に「原因の位置」と改称），安定性，統制可能性です（Weiner, 1986）。

まず，統制の位置（locus of control）とは，原因は自分か（内）それ以外か（外）を分ける次元です。たとえば，友だちと喧嘩したのは自分のせいだと思うように，出来事を自分のせいだと思うことを内的帰属といいます。反対に，友だちのせいだと思う場合のように，自分以外のせいで出来事が起きたと考えることを外的帰属といいます。

4.4 原因帰属

次に，**安定性**（stability）とは，原因は時間的に安定しているか（安定），そうではないか（不安定）を分ける次元です。上に挙げた喧嘩の例でいえば，友だちと喧嘩したのは，自分の性格がよくないためだと考えたとすれば，性格はすぐには変えられるものではないので，この状態を安定帰属とよびます。反対に，喧嘩をしたのは偶然（運が悪かった等）だと考える場合は，運というのはコロコロ変わるものでしょうから，この状態を不安定帰属とよびます。

最後に，**統制可能性**（controllability）とは，その出来事を誰かがコントロールできたか（統制可能）あるいは誰もコントロールできなかったか（統制不能）を分ける次元です。たとえば，階段から足をすべらせて怪我をしたとしましょう。その場合，怪我をした人が酔っ払って不注意だった場合は，統制可能と考えられます。そうではなくて，本当に偶然の出来事だったとすれば，それは誰もコントロールできないので，統制不能だということができます。

4.4.3 原因帰属と帰属因の関係

原因帰属の次元のうち，よく取り上げられる2つの次元と典型的な帰属因は，表4.2のようになります。

ワイナーの理論の優れたところは，ここから動機づけを説明することです。彼は，前節で説明した期待と価値が，この原因帰属の2つの次元の影響を受けると考えたのです。つまり，期待に安定次元が影響し，そして価値に統制の位置の次元が影響すると考えました。

まず，期待については，原因が安定的な場合は，同じことが再び起こるというふうに期待が高くなります。一方，原因が不安定な場合は，同じことが再び

表4.2　原因帰属の2次元と典型的な帰属因（Weiner, 1972）

安定性＼統制の位置	外 的	内 的
安 定	課題の困難度	能 力
不 安 定	運	努 力

起こるかは分からないので、期待は低くなります。

　次に価値ですが、これについては注意が必要です。この場合の価値は、出来事の価値づけというよりも、行動をした自分自身への価値づけと解釈したほうがよいからです。この自分自身への価値づけとして、感情が生じる、とワイナーは考えました。たとえば、仲良しになりたい人と仲良くなれた、というような良いことが起きた場合、原因が内的、つまり自分のせいだと思うなら、誇りが生じます。一方、うまくいかなかった、つまり失敗した場合に、原因が内的なら、恥が生じます。他方、原因が外的の場合は、感情は弱いとされています。

　このワイナーの理論では、とくに期待による行動の予測がかなり明確にできることが分かっています。一方、感情の予測は研究の結果、それほど明確ではありません。この感情が動機づけプロセスの中でどのように生じるのかについては、最近の研究を後の節で改めて検討します。

4.5　自己効力

　自己効力（self-efficacy）（Bandura, 1977）とは、目的─手段関係を前提とする期待の一種です。ある手段を使えば目的が果たせると思うとき、その手段を使えないと思うことがあります。たとえば「勉強すれば成績が上がる」と思うのですが、「自分は勉強することができない」と思うと、当然、うまくいきません。

　この例でいうと、「自分は勉強することができる」（あるいはできない）のように、ある手段を使えば目的が果たせると思うとき、「その手段を使うことができる」という期待を、自己効力（効力期待）といいます。また、「勉強すれば成績が上がる」のように、ある手段を使えば目的が果たせるという期待を結果期待とよびます。

　したがって、自己効力は、その手段を使うことができるという期待、手段的活動（行動）が自分のレパートリーであるという信念と言い換えることもできます（図4.6）。

4.5 自己効力

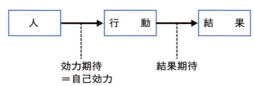

図4.6 自己効力，結果期待，行動との関係

　なぜ自己効力という考えが必要なのでしょうか？　自己効力は，元々心理臨床の場面で考えられたものです。行動療法や認知行動療法では，クライエントが積極的に治療法を自分で使っていく必要があるのですが，「ある治療法を使えば症状が治まる」ことは分かっていても，クライエントが「その治療法は自分にはできない」と思うとうまくセラピーが進みません。したがって，自己効力が高いことが，セラピーを促進するのに重要だと，提唱者のバンデューラ（Bandura, A.）は考えたのです。

　自己効力を高めるには，バンデューラによると，
- 代理経験……モデリングなど。
- 言語的説得……教示。自分自身に教示する。
- 遂行行動の達成……自分でとにかくやってみる。
- 情動喚起……緊張を緩めるなど。

といったことが効果的だとされています。

　自己効力は，現在はさまざまな応用がされています。学習や進路決定の場面だけでなく，もちろん臨床場面でも多く使われています。たとえば，進路決定の方略についての自己効力が高い人ほど，自分の将来の進路をうまく決めることができるといった研究があります（Taylor & Betz, 1983）。

　ただし，自己効力には問題点もあります。目的―手段関係が明確でないと，何が自己効力か分からなくなるのです。このような点を押さえて自己効力を測定し，活用することが重要でしょう。

4.6 興味

興味（interest）は，物事に注目したり，もっとよく知ったり，理解しようとする，という動機づけの働きをするという意味で，重要です。現在では，興味は単純で一時的な状態だけでなく，個人の特性的な傾向も含めて考えることが一般的となりつつあります。それだけではなく，興味は個人と環境との相互作用の結果として生じるとも考えられています。つまり，人は潜在的に何かしら興味をもつ傾向があるのですが，環境がそれを具体的に方向づけたり，興味をもち続けさせたりする一方で，それによって人は環境に積極的に関わっていくようになるわけです。

このように，興味はいくつかの特徴を備えていますが，これらは最初からあるわけではなく，個人の中で次第に変化し，成長し，発達していくものでもあります。とくに，レニンガー（Renninger, K. A.）らの興味発達の4段階モデルは，よく知られています（Hidi & Renninger, 2006）。このモデルについて説明しましょう。

興味発達の4段階モデルは，大まかにいえば，個人がある事柄に興味をもった状態から，さらにその事柄に繰返し関わるようになっていき，最終的には，特定の事柄を含む，より一般的で広範囲な事柄に興味をもつ傾向をもつようになる，というものです。詳細については，学習に関する興味に限定されますが，表4.3（Renninger, 2009）をみてください。

4.7 内発的動機づけと自己決定理論

内発的動機づけ（intrinsic motivation）（Harlow et al., 1950）は，行動すること自体（または興味）が目的である動機づけ現象を指します。対となる用語は，外発的動機づけ（extrinsic motivation）です。外発的動機づけとは，行動が目的の手段となるような動機づけ現象を指します。

内発的動機づけについては，さまざまな考え方がありますが，他人から強制されない，積極的な環境との相互作用を説明すること（White, 1959）がその

表4.3 興味発達の4段階における，学習者の特徴，学習者が求めるフィードバック，学習者が必要とするフィードバック

	興味の発達の段階			
	段階1：始動した状況的興味	段階2：持続した状況的興味	段階3：出現した個人的興味	段階4：よく発達した個人的興味
学習者の特徴	一瞬だけ，内容に興味をもつ。 物事に関わるのに必要な支援。 　他者から（例：グループワーク，教育的な会話）。 　教授デザインを通して（例：ソフトウェア）。 正あるいは負の感情を経験する。 この経験を自覚的に内省する場合もあればしない場合もある。	前に注意を喚起した内容に再び取り組む。 スキル，知識，先行経験の関係を見つけられるように，他人から支援を受ける。 正の感情を経験する。 内容に関する知識を発達させていく。 内容に対する価値感を発達させていく。	人手を借りずに再び内容に取り組む。 答えを探したくなるような面白そうな問いを立てる。 正の感情を経験する。 知識や価値を記憶している。 自分自身の問いに注目する。 その領域の規則やたいていのフィードバックには，ほとんど価値をおかない。	人手を借りずに再び内容に取り組む。 面白そうな問いを立てる。 問いを立て直したり，答えを変えたりするように自己調整する。 正の感情を経験する。 目標到達のために，欲求不満と困難を耐え抜ける。 その領域について他人の貢献を認める。 積極的にフィードバックを求める。
学習者が求めるフィードバック	自分の考えを尊重してほしい。 他人に，自分のしていることがいかに大変かを分かってほしい。 与えられた課題をできるだけ早く終えられるやり方を教えてほしい。	自分の考えを尊重してほしい。 具体的な示唆を求める。 何をすればいいかを教えてほしい。	自分の考えを尊重してほしい。 自分の考えを表現したい。 今の努力を修正するように言われたく「ない」。	自分の考えを尊重してほしい。 情報とフィードバックがほしい。 その領域で幅広く受容されている規準と個人的な規準とのバランスを保ちたい。
学習者が必要とするフィードバック	自分がした努力が本当に評価されていると思うことが必要。 限定的な数の具体的な示唆が必要。	自分がした努力が本当に評価されていると思うことが必要。 自分自身の考えを追求するための支援が必要。	自分の考えや目標が理解されたと感じることが必要。 自分がした努力が本当に評価されていると思うことが必要。 目標に効果的に到達する方法が分かるようなフィードバックが必要。	自分の考えがちゃんと聞いてもらえて，分かってもらえたと感じることが必要。 建設的なフィードバックが必要。 挑戦的な課題が必要。

基礎にあるように思われます。

4.7.1 アンダーマイニング効果

内発的動機づけの研究が発展した一つのきっかけに，アンダーマイニング

効果（undermining effect）の研究があります。アンダーマイニング効果とは，次のような実験での現象を指します（括弧内の例は，デシ（Deci, E. L., 1971）の研究に基づく）。

1. 自発的な行動（例：パズルを自由にする）。
2. 自発的な行動に報酬を与え続ける（パズルを1つ作るごとにお金を1ドル与える）。
3. 報酬を与えるのをやめる。
4. 3の後，自発的な行動の量や質が，報酬を与える前よりも低下する（パズルを解く時間が短くなる）。

　自発的な行動を内発的動機づけによるものと考えれば，アンダーマイニング効果自体は，内発的動機づけを下げる現象と解釈できるのではないか，と社会心理学者たちは考えました（たとえば，デシ（1971），クルグランスキ（Kruglanski, A. W., 1975）など）。
　アンダーマイニング効果を説明する理論は，複数存在します。しかし，その多くはエンハンシング効果（enhancing effect）（報酬を与えるのをやめても効果は持続あるいは上昇する）を説明できません。そのため，アンダーマイニング効果とエンハンシング効果の両方を説明できる理論が登場しました。その代表的なものとして認知的評価理論（cognitive evaluation theory）があります。
　認知的評価理論（Deci & Ryan, 1985）では，報酬への意味づけが異なることによって，報酬の影響は変化するととらえます。意味づけは大別して2つあります。それは，制御的な意味と情報的な意味です。
　制御的とは，報酬によって他者からコントロールされているという解釈に結びつくもので，その結果，アンダーマイニング効果が生じるとされます。一方，情報的とは，自分で自分がすることを決めていて，報酬は自分がやっていることが正しいという情報を得たという解釈に結びつくものであり，エンハンシング効果が生じやすいとされます。
　報酬の種類によっても，報酬への意味づけは変わりやすいことも指摘されて

います。物質報酬（物やお金）は，制御的に知覚されやすく，言語的報酬（ほめる）は，情報的に知覚されやすいのです。

4.7.2　自己決定理論への発展

　アンダーマイニング効果での報酬の個人への影響は，自己決定感への影響と解釈できます。この解釈が正しいとすれば，自己決定こそが内発的動機づけの重要な鍵だと考えられます。

　こうして，認知的評価理論を中核にすえながら，デシとライアンは，自己決定理論（後述）を発展させました。ただし，アンダーマイニング効果自体の存在について，疑問を投げかける研究者もいます（たとえば，Cameron & Pierce, 2002）。しかし，一般的には，アンダーマイニング効果の存在や，それを説明する認知的評価理論は，支持されているようです。

4.7.3　自己決定理論

　自己決定理論（self-determination theory）とは，デシやライアンを中心に，複数の研究者たちが，認知的評価理論に，さらに複数の理論を付け加えて作り上げた，大がかりな動機づけ理論です（7.1.2参照）。自己決定理論は以下の5つの小理論から構成されています。

- 認知的評価理論
- 有機的統合理論……自律性には程度がある。
- 因果志向性理論……個人内に複数の自律性が存在。
- 基本的欲求理論……人の重要な社会的欲求は3つ。
- 目標内容理論……人の人生目標は2つ。

4.7.4　有機的統合理論——自己決定性の発達

　誰でもすべてのことを自分で決定しているわけではありません。また，他人から行動を強制される他律的な状態から，自ら進んで行動する自律的な状態へ変化する場合もあるでしょう。

有機的統合理論は，このような他律から自律への自己の調整（制御）の変化を段階的にとらえたものということができます。その段階は以下のようになります。

- 非動機づけ……「やらない」
- 外的……「やらされている」
- 取り入れ……「〜をしなければならない」
- 同一化……「〜でありたい」
- 統合……「〜をしたい」（価値観から）
- 内発……「〜をしたい」（興味から）

4.7.5 調整段階（自律性）の発達（内在化）の実証研究

有機的統合理論の実証研究では，おおむね，自律性が高いほど，行動の持続性が高く，よりよい対人関係を結び，健康的である，という結果が得られています。また，内在化を促進するには，関係性のサポート，有能さのサポート，自律性のサポートが，順に必要です（Ryan & Deci, 2000；図4.7）。

この種の研究は，質問紙によって自律性の段階を測定し，他の心理変数との関係を調べるものがほとんどです。自律性の段階の質問項目の例を以下に挙げておきましょう（項目は，学習場面に限定したもの。岡田と中谷（2006）より）。

- 内発的理由……好奇心が満たされるから。教材や本が面白いから。
- 同一化的理由……将来いろいろなことに役に立つから。将来の成功に結びつくから。
- 取り入れ的理由……周りの人についていけなくなるのは嫌だから。しておかないと不安だから。
- 外的理由……周りからやれと言われるから。しないと周りの人が文句を言うから。

4.7 内発的動機づけと自己決定理論

行　　動	非自己決定的					自己決定的
動機づけ	非動機づけ	外発的動機づけ				内発的動機づけ
調整段階 （スタイル）	制御なし	外的調整	取り入れ的調整	同一化的調整	統合的調整	内発的調整
認知された 因果律の所在	非自己的	外的	外的より	内的より	内的	内的

図4.7　自己決定性と動機づけの段階（Ryan & Deci, 2000より）

4.7.6　自律性には特性と個人差がある――因果志向性理論

　この理論の中核は，人には自律性の異なる3つの特性があるというものです。そして，この特性のどれが強くどれが弱いか，さらにその組合せによって，その人の動機づけの方向性が決まる，と考えられています。その3つの特性は，以下のようなものです。

- 自律性志向性……内発的動機づけの統合的調整に相当。
- 統制的志向性……外的調整の取り入れ的調整に相当。
- 非自己的志向性……行動が動機づけられていない。

4.7.7　3つの欲求――基本的欲求理論

　ここでいう3つの欲求とは，**有能さの欲求，自律性の欲求，関係性の欲求**です（図4.8）。まず，有能さの欲求とは，自分の周りの環境と適切に関わりたいというものです。自律性の欲求とは，自分のことは自分で決めたいというものです。最後の関係性の欲求とは，重要な他者と仲良くしたいというものです。

4.7.8　基本的欲求理論に基づく実証的知見

　基本的欲求の充足によって，肯定的な感情，バイタリティが高く，否定的な感情や疾患の身体症状が低いことが分かっています（Sheldon et al., 1996）。同様に，関係性や自律性の欲求が満たされると，精神的健康，自尊感情が高まり，不安等が低いことも示されています（Kasser & Ryan, 1999）。

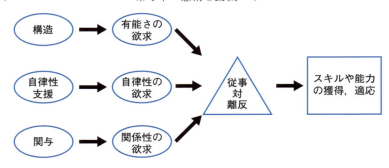

図4.8 **基本的欲求理論の骨子**（Connell & Wellborn, 1991にもとづき作成）

教室文脈での実証研究の比較的初期のものとして，スキナーとベルモント（Skinner, E. A., & Belmont, M. J., 1993）の研究があります。小学校3，4，5年の子ども144名と担任教師14名を対象として，質問紙調査を実施しました。その結果，子どもの欲求から行為への影響は比較的大きかったのですが，教師の支援から子どもの欲求への影響は小さいものでした。その理由は，教師自身の認知と子どもの教師に対する認知がほとんど関係がなかった，という少々皮肉な結果のためでした。

4.7.9 目標内容理論──2つの人生目標（Kasser & Ryan, 1996）

2つの人生目標とは，内発的な人生目標と外発的な人生目標です。

内発的な人生目標は，①人と仲良くすること，②人間として成長すること，③社会に貢献すること，などを指します。人は，内発的な人生目標が達成できるように努力をすることで，基本的心理欲求が直接的に充足されます。その結果，達成に向けて努力している段階および目標の達成段階で，精神的健康となり幸福感を経験するのです。

外発的な人生目標は，①お金持ちになること，②有名になること，③美人やハンサムと賞賛されること，などを指します。この人生目標をもつこと自体は悪いことではありません。しかし，強すぎると，達成に向けて努力している段階でも目標が達成された段階でも，精神的な健康などがもたらされない可能性があるとされています。

4.8 達成目標理論

達成目標理論（achievement goal theory）とは，簡単にいえば，達成場面で人が設定する目標が行動や感情に影響する，というものです。この場合，設定する目標内容が異なれば，行動や感情も異なることになります。

ただし，達成目標理論でいう目標（達成目標）はどんなものでもいいのではなく，有能さ（秀でた能力をもつ，発揮すること）に関わるものです。おおざっぱにいえば，達成目標は主に2種類考えられています。1つは，「もっと有能になる」というマスタリー目標と「有能だと判断される」というパフォーマンス目標です（Ames, 1992）。しかし，現在では，この2つの目標に対して，接近—回避の軸を組み込んで，4つの目標があると考えることが一般的になっています（Elliot, 1999）（表4.4）。ただし，マスタリー回避目標は研究が少ないのが現状です。

以下，マスタリー目標とパフォーマンス目標が感情，学習，適応等にどのような影響を与えるのか，箇条書きにしてみます。

表4.4　最近の達成目標の区別（上淵，2004より）

有能さの基準	接近への注目	回避への注目
個人内基準	課題の熟達，学習，理解に着目。	誤った理解を避け，学習しなかったり，課題に熟達しないことを避ける。
	自己の成長，進歩の基準や，課題の深い理解の基準を使用。	課題に対して正確にできなかったかどうか，よくない状態ではないかという基準を使用。
	マスタリー接近目標	マスタリー回避目標
相対基準	他者を優越したり打ち負かすこと，賢くあること，他者と比べて課題がよくできることに着目。	劣等であることを避けたり，他者と比べて愚かだったり頭が悪いと見られないことに注目。
	クラスで一番の成績をとるといった，相対的な基準の使用。	最低の成績をとったり，教室で一番できないことがないように，相対的な基準を使用。
	パフォーマンス接近目標	パフォーマンス回避目標

【感情】
- マスタリー目標……課題への興味，喜び。
- パフォーマンス目標……罪悪感，恥，不安。

【学習】
- マスタリー目標……モニタリング，プランニング。
- パフォーマンス目標……暗記等。メタ認知活動をコストのかかる方略とみて避ける。

【記憶】
- マスタリー目標……深い情報処理（意味的処理），体制化，精緻化。
- パフォーマンス目標……浅い情報処理（形態，音韻処理），暗記。

【適応】
- マスタリー目標……失敗を成功への情報とみて努力し続ける，レジリエンスが高い，柔軟的。
- パフォーマンス目標……ストレスや失敗に脆弱，難しい課題を回避しやすい，自尊心を防衛する行動を採りやすい。

4.8.1 実証研究のまとめ

　基本的には，マスタリー目標を設定すると，適応的な方略を選択しやすく，パフォーマンス目標を設定すると，不適応的な方略を選択しやすいとされています。

　しかし，これには若干の異議があります。マスタリー目標を設定すると，失敗から情報を得てさらに努力する，といった行動がみられるのですが，いくら努力しても失敗し続ける状況を避けるほうがむしろ適応的な場合もあります。そして，パフォーマンス目標を設定する場合のように，有能であることを示して，自尊心の防衛をするのは，現代社会では必要なことです。したがって，達成目標理論，とくにマスタリー目標のような概念は，極端な成果主義である，欧米型社会に対するアンチテーゼであることを理解する必要があるでしょう。

4.9 課題価値モデル

　達成目標理論は，有能さへの価値づけを前提とした動機づけ理論でした。しかし，人が何かをしようとするとき，それに有能さに関わる価値だけを見出しているのではないでしょう。このように成し遂げようとする課題に対して，複数の価値を見出す人は多いはずです。

　ここでは，ウィグフィールドとエックレス（Wigfield, A., & Eccles, J. S., 2000）の課題価値モデルを紹介します。

　彼らのモデルの特徴は，価値の種類の多さにあります。期待に関する変数は1つだけで成功に関する期待だけです。それに対して，課題に対する価値は複数あり，主に内発的価値，実用的（効用的）価値，達成価値，コストの4つが取り上げられています。

　内発的価値（intrinsic value）は，行動することの楽しさや面白さを意味します。実用的価値（utility value）は，将来の目標やキャリア等につながるという意味での価値づけです。達成価値（attainment value）は，目の前の課題に取り組むことやそれに成功することが自分の価値を高めることを意味します。最後のコスト（cost）は，他の3つの価値とは異なり，課題に関わって失敗することで被る痛手への評価を意味します。

　このモデルの特徴は，価値の種類だけにとどまりません。人がもつ期待や課題への価値を説明するために，その他のさまざまな要因（たとえば社会化の担い手や目標等）を多数組み込んでいます（図4.9）。つまり，個人の期待や価値は個人の中だけで完結するものではなく，多くの重要な他者（たとえば，子どもにとっては教師や養育者等）の価値観や目標からの影響を受けるのです。しかし，その影響は，期待や価値に直接つながるのではなく，個人のもつアイデンティティ等のさまざまな心理的要因を経由して，最終的に期待や価値に関わる，と考えられています。つまり，課題価値モデルは，物事を達成する行動の動機づけが，実は複雑なことを丁寧に示そうとしているのです。

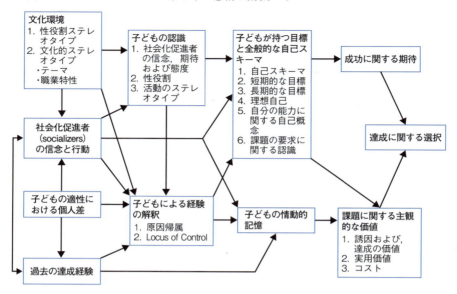

図4.9　課題価値モデルの概要（鹿毛，2004より）

4.10　達成感情

　物事の達成に対して感情が関連することはすでに述べた通りです。動機づけ研究の中では，とくにワイナーの原因帰属理論が，感情を正面からとらえていました。しかし，必ずしも現実とは適合しないことも指摘されています。

　そのため，最近，ペクルン（Pekrun, R.）を中心とした研究者たちは，達成に関連する感情が行動を動機づけるという，統制価値モデルを提唱しています（Pekrun, 2006）。最後に，このモデルを紹介しましょう。表4.5に達成感情（achievement emotions）を挙げました。

　このような感情は，どのように発生するのでしょうか。統制価値モデルは，おおざっぱにいえば，一般的な感情発生プロセスの考え方を踏襲しています。つまり，環境からの刺激があり，それへの評価，評価による感情の発生，そして感情による行動の結果，達成する，という段階を想定しています（図4.10）。しかし，その中身について細かくみると，今までみてきたような期待と価値の

4.10 達成感情

表4.5 達成感情の種類 (Pekrun & Perry, 2014より)

注目する対象	正 積極的	正 消極的	負 積極的	負 消極的
活動	楽しさ	くつろぎ	怒り	怠惰 欲求不満
結果（予期的）	希望	安堵*	不安	絶望 喜び*
結果（回顧的）	喜び 誇り	満足感 安堵	恥 怒り	悲しみ 落胆 感謝

*予期的な喜び・予期的な安堵。

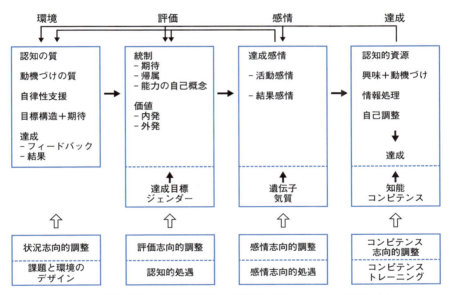

図4.10 達成感情の統制価値モデルの基本的内容 (Pekrun, 2006より)

側面から，評価をとらえていることが分かります。その意味で，統制価値モデルは，従来の動機づけモデルの連続線上にあるといえるでしょう。

復習問題

1. 感情と動機づけの共通点，相違点は何でしょうか。
2. 感情のもつ動機づけ機能の具体的な例を挙げてください。
3. 自己効力という概念が提唱された意義を説明してください。
4. 自己決定理論はいくつの小理論から成り立ちますか。
5. 達成目標は，何に関する目標でしょうか。
6. 課題価値の種類を挙げてください。

参考図書

鹿毛雅治（編）（2012）．モティベーションをまなぶ12の理論――ゼロからわかる「やる気の心理学」入門！―― 金剛出版

　動機づけの現在の主な理論を知るのに便利な書物です。

上淵　寿（編著）（2012）．キーワード　動機づけ心理学　金子書房

　動機づけの概念をできるだけ広めにとらえて，感情を含めてさまざまな用語を解説しています。

上淵　寿（編著）（2008）．感情と動機づけの発達心理学　ナカニシヤ出版

　感情と動機づけの両方を扱った書物は日本語ではなかなか読めないのですが，本書はその数少ないものの一つです。

第 5 章

発達：パーソナリティ心理学の視点から

人はその人なりの特徴を備えて生まれてきます。そして、その特徴を活かして社会的、物理的な環境と関わります。そのような関わりを通して、環境を変えたり、生来の特徴を変化（強化、修正）させたりしていきます。パーソナリティが環境に影響を与えるとともに、環境もパーソナリティに影響を与えていくのです。本章では、両者が相互に影響を与え合いながら、生涯にわたって継続していくパーソナリティ発達の様相を描出します。

5.1 パーソナリティ発達の規定因

乳幼児期は人のパーソナリティ（personality）を形作る重要な時期です。しかし同時に、人は白紙の状態ではなく、その人なりの特徴を備えて生まれてきます。そして、その特徴を活かして他者や環境と関わる中で、より安定したパーソナリティが育っていきます。本節では、発達における「遺伝と環境」という古くから議論されてきた問題を中心に、最近の研究の動向も交えて乳幼児期のパーソナリティ発達を概観します。

5.1.1 出生直後からみられる個人差——気質

生まれて間もない乳児に備わっている感情や行動の個人差を気質（temperament）とよびます。気質についてはさまざまな理論・考え方がありますが、最大公約数的には「遺伝的な素因を持ち、出生直後からみられる、感情や行動の調節の個人差」と考えられます（Rothbert & Derryberry, 1981）。以下に代表的な考え方を2つ紹介します（気質については1.1.2参照）。

1. ブラゼルトンの新生児行動評価尺度

小さな物音にも泣き出してしまう子、環境の変化に動じない子、激しく泣く

子や静かに泣く子，一度泣き出したら泣き止まない子やすぐに泣き止む子など，新生児（出生から生後1カ月までの子ども）であってもその行動には大きな個人差があります。

ブラゼルトン（Brazelton, T. B., 1973）は，このような生まれたばかりの新生児にみられる個人差を「気質」とよびました。そして，新生児の個人差を測定することを目的として，「ブラゼルトン新生児行動評価尺度（Brazelton Neonatal Behavioral Assessment Scale；BNBAS）」を作成しました。この尺度では，新生児の行動の個人差を，①ハビチュエーション（不快刺激への慣れやすさ），②オリエンテーション（外界の刺激への反応性），③運動のコントロール性（運動の成熟性やコントロール性），④興奮性（泣きやすさ），⑤鎮静性（泣きからの回復のしやすさ），⑥自律系の安定性（皮膚の色の変わりやすさ）の6つの指標に基づいて評価します。その際，新生児の行動は状態によって影響を受けるので，深い睡眠（状態1），浅い睡眠（状態2），まどろみ（状態3），静かな覚醒（状態4），活発な覚醒（状態5），啼泣（状態6）の6段階に分け，その状態に合わせて観察を行います。

2. トーマスの現象的アプローチ

トーマス（Thomas, A.）は，ニューヨーク縦断研究（New York Longitudinal Study）とよばれる研究の中で，気質の測定を行いました。縦断研究とは同一の対象を一定の期間，継続的に調査することで，発達の道筋を明らかにしようとする研究方法です。

トーマスら（Thomas et al., 1963）は養育者からの聞き取り調査や乳児の行動観察などを行い，気質をとらえる9つの次元を浮かび上がらせました。そして，それら9つの次元の強弱や規則性などの特徴に基づいて，子どもたちの気質を3つに分類しました（表5.1）。

「扱いやすい子（easy child）」は基本的には気分の良い状態が持続し，睡眠・覚醒や排せつなどの生理的なリズムが安定し，環境の変化に順応しやすいといった特徴があります。「扱いにくい子（difficult child）」はこれとは逆に，機嫌の悪いことが多く，生理的リズムが不規則で，環境の変化に弱いという特徴があります。「ウォームアップが遅い子（slow to warm up child）」は文字通り，

表5.1 **気質をとらえる9つの次元と3つのタイプ**（Thomas & Chess, 1977；鈴木, 2003を参考に作成）

次元	特徴	扱いやすい子	扱いにくい子	ウォームアップが遅い子
活動水準	活動している時間とじっとしている時間の割合。	—[1]	—	×または△
周期性	食事・排せつ，睡眠─覚醒などの生理的機能の周期の規則性。	○[2]	×[2]	—
接近・回避	未知の刺激（食べ物，おもちゃ，人，場所など）に対する初反応の質。	○	×	最初は×
順応性	環境の変化に対する慣れやすさの程度。	○	△[2]	△
反応性の閾値	はっきりと見分けられる反応を引き起こすのに必要な刺激の強さ。	—	—	—
反応の強さ	反応の強さ（その質や内容は問わない）。	×または△	○	△
機嫌	友好的な行動と不快・不機嫌な行動の割合。	○	×	△
気の散りやすさ	どの程度の刺激で，今している行動をやめたり変化させたりするか。	—	—	—
注意の範囲と持続性	特定の行動に携わる時間の長さ，別の活動から元の活動に戻るか。	—	—	—

[1] 「—」は不定または不規則を表します。
[2] 各項目の「○」はポジティブな特徴，「×」はネガティブな特徴を強くもち，「△」はそれらが中程度であることを表します。

変化に順応するのに時間がかかるのが特徴です。全体的な気分の質がややネガティブなところもあります。

トーマスら（Thomas et al., 1963）の調査によると，「扱いやすい子」が40％，「扱いにくい子」が10％，「ウォームアップが遅い子」が15％で，残りは「平均的な子（average child）」でした。

気質にはその他いくつかの考え方がありますが，遺伝的な基礎をもち，その後の発達に影響を与える個人差として，パーソナリティの基盤に位置づけられます。

5.1.2 遺伝と環境──気質・性格理論

前項ではパーソナリティ発達の基盤として，遺伝的基礎をもつ気質について説明しましたが，パーソナリティの発達における環境の影響も無視することはできません。

クロニンジャー（Cloninger, C. R.）は，パーソナリティは気質と**性格**の2つ

の側面からなると考えました。ここでいう気質とは刺激に対する感情反応の個人差であり、遺伝的規定性の高いものであるとされます。一方、性格とは気質を基盤として環境や他者と関わることを通して次第に形成される、環境的規定性の高いものであるとされます。パーソナリティは、気質と性格が相互に影響を与え合って発達すると考えます（Cloninger et al., 1993）。

クロニンジャーの気質・性格理論（psychobiological model of temperament and character）では、気質は新奇性追求、損害回避、報酬依存、固執の4因子、性格は自己志向、協調、自己超越の3因子で構成されています（表5.2）。気質は神経伝達物質との関連（新奇性追求とドーパミン、損害回避とセロトニン、報酬依存とノルアドレナリン）が想定されており、いくつかは実証されています（Benjamin et al., 1996；Ebstein et al., 1996）。このことからも、気質は遺伝的規定性が強い、すなわち生物学的な基盤をもつとするクロニンジャーの考え

表5.2　クロニンジャーの気質・性格理論（国里ら、2008；田中、2010を参考に作成）

	因　子	特　徴
気質	新奇性追求	行動の活性化 高：衝動的、興奮しやすい、浪費家。 低：慎重、倹約家、現状維持を好む。
	損害回避	行動の抑制 高：用心深い、予期不安が高い、疲れやすい。 低：危険を顧みない、挑戦的。
	報酬依存	社会的関係を作る行動の維持・持続 高：情にもろい、他者からの賞賛に依存。 低：社会的関係に対して無関心。
	固　執	行動の固着 高：粘り強い、勤勉。 低：飽きやすい、怠惰。
性格	自己志向	自己決定したり、目的に合わせて行動を制御したりする力 高：責任感が強い、目標に向けて行動を選択し、実行できる。 低：目的の欠如、非難。
	協　調	他者を受容できる能力 高：共感的、寛容。 低：利己的、狭量。
	自己超越	スピリチュアリティ 高：観念的、理想主義、想像力が豊か。 低：現実的、自意識過剰。

が支持されます。また，性格は環境の影響を強く受けることも示されています。

ところで，代表的な特性論的パーソナリティ理論にビッグ・ファイブがあります（ビッグ・ファイブについては1.4.1，7.1.3参照）。**ビッグ・ファイブ**（Big Five）には複数のモデルがありますが，代表的なものは神経症傾向（情緒不安定性），外向性，（経験への）開放性，調和性，誠実性の5因子です（和田，1996）。クロニンジャーの7因子とビッグ・ファイブの関連を調べた国里ら（2008）の研究では，クロニンジャーの気質・性格理論の7因子のすべてがビッグ・ファイブの5因子のいずれかと中程度以上の相関を示しました。また，ビッグ・ファイブの5因子のうち，外向性を除く4因子の個人差を説明するためには気質に加えて性格が必要であることが示されました。このことからも，パーソナリティは気質を基盤として，性格を加味して形成されるというクロニンジャーの考えが支持されます。

クロニンジャーの理論では，気質は乳幼児期から，性格は自己を内省するようになる児童期後期から明確になるとされています（Cloninger et al., 1993）。性格が明確になる児童期から青年期にかけては，**外在的な問題行動**（非行，いじめ，暴力等の**反社会的行動**），**内在的な問題行動**（引きこもり，不登校等の**非社会的行動**やうつ等の精神疾患）のリスクがいずれも増加する時期にあたります。これらの外在的・内在的な問題行動とパーソナリティの関連については多くの研究がなされていますが，ここではクロニンジャーの気質・性格理論に基づいた研究として次の2つを紹介します。

小学生を対象とした研究では，反社会的な行動経験が多いほど性格の一つである「自己志向」が低下することが示されています（酒井ら，2007）。この結果は，仲間関係が重要な意味をもつようになる児童期においては，どのような関係を形成し，どのような経験を積み重ねるかがその後のパーソナリティ発達に大きく影響していることを示唆しています。

中学生を対象とした研究では，気質の一つである「損害回避」の高さと性格の一つである「自己志向」の低さが抑うつ傾向の高さに影響を与えていることが示されました（田中，2010）。さらに，2時点間での抑うつ傾向の変化にはいずれも気質因子である「損害回避」と「固執」が関連していました。うつ病

等の精神疾患には遺伝的な素因の存在が指摘されていますが，田中（2010）の研究はそれを支持しています。

　これらの研究をまとめると，外在的な問題行動には環境的規定性の高い性格が，内在的な問題行動には性格とともに遺伝的規定性の高い気質が関与していると考えることができます。問題行動の種類によって気質と性格の影響の仕方が異なるという指摘は，原田ら（2010）でもなされています。

5.1.3　遺伝と環境の相互作用──行動遺伝学

　本節ではここまで，乳児期から青年期前期までの発達段階における遺伝と環境の関連を説明してきました。遠藤（2005）は遺伝と環境の関連の仕方には受動的結びつき，誘発的結びつき，能動的結びつきの3種類があるとしています。受動的結びつきとは，親と子は遺伝子の50％を共有しているため，親が自身の遺伝的特質に沿って構成した環境は結果として子どもにとっても適合度の高いものになるというものです。誘発的結びつきとは，遺伝的特質に沿って発現した行動が環境からの反応を引き出し，環境からの働きかけによって遺伝的特質が強化されるというものです。たとえば，トーマスら（Thomas et al., 1963）における気質の次元の一つである「機嫌の質」がポジティブであると，周囲からもポジティブな働きかけを受けることが多く，ますます機嫌の良い状態が継続しやすくなります。能動的結びつきとは，遺伝的特質に適合した環境を自ら選択または構築するというものです。

　これらはいずれも，結果として個人レベルにおいて遺伝と環境の適合の良さ（goodness of fit）を生み出すことになります。一般的には，子どもが幼いほど遺伝の影響が大きく，さまざまな経験を積み重ねることによって遺伝の影響は小さくなると考えられていますが，近年の行動遺伝学（1.5.1，コラム5.1参照）の研究では反対に，加齢に伴って遺伝の影響が大きくなることが示されています（安藤，2011）。図5.1には双生児の体重の類似性の時間的変化を示しましたが，一卵性双生児（遺伝子を100％共有している双生児）の類似性はほとんど変化しないのに対して，二卵性双生児（遺伝子の50％を共有している双生児）では加齢とともに類似性が低下することが分かります。こうした変化

5.1 パーソナリティ発達の規定因

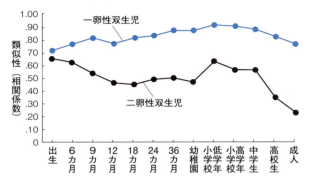

図 5.1 双生児の体重の類似性の時間的変化（安藤, 2011）

コラム 5.1 行動遺伝学

　行動遺伝学（behavioral genetics）は，「双生児や親子，きょうだいのような血のつながった人々，あるいは養子の親子やきょうだいのように遺伝的な関係はないが環境を共有するたくさんの人々の，心理的，行動的形質の類似性を，統計学的方法によって遺伝的影響の姿を明らかにする学問」です（安藤, 2000）。中でも，とくに注目されるのが双生児のデータです。双生児には一卵性と二卵性があり，一卵性双生児は遺伝子を 100％共有しますが，二卵性双生児の遺伝子の共有率は 50％です。さまざまな心理的・行動的形質について一卵性双生児と二卵性双生児を比較すると，遺伝と環境それぞれの影響の大きさが推定できます。環境を共有環境（家庭環境など，きょうだいが同じように経験する環境）と非共有環境（家庭外の環境など，きょうだいそれぞれが独自に経験する環境）に分けて考えると，①遺伝の影響はあらゆる側面にみられる，②共有環境の影響はまったくないか，あっても相対的に小さい場合が多い，③非共有環境の影響が大きい，ということが多くの研究で示されています。これを行動遺伝学の3法則といいます（Turkheimer, 2000）。

　本文中の図 5.1 には双生児の体重の類似性の時間的変化を示しましたが，遺伝の影響は加齢とともに強くなる傾向があります。二卵性双生児で類似性が低下するのは，きょうだいのそれぞれが自身の遺伝的特質とよりよく適合した環境を選択するためであると考えられます。

は，子どもたちが次第に親の統制下から離れて行動の自由度が増すことによって，遺伝と環境の結びつきが強くなるためであると考えられます。

遠藤（2005）が述べるように，遺伝と環境の間には一筋縄ではいかない関係がありそうです。

5.2 パーソナリティの生涯発達

前節ではパーソナリティ発達の規定因について，乳幼児期を中心に概観しました。本節では，生涯発達の視点から，乳幼児期からのパーソナリティ発達の連続性や青年期以降のパーソナリティ発達の特徴を説明します。

5.2.1 気質の安定性と変化

本章5.1.1でトーマスら（Thomas et al., 1963）のニューヨーク縦断研究を紹介しました。この研究においては，乳児期に気質を測定した子どもたちを青年期まで追跡し，「扱いやすい子」の18％，「扱いにくい子」の70％，「ウォームアップが遅い子」の40％が10歳までに精神医学的な援助が必要な，行動上の問題を示しました（Thomas & Chess, 1986）。また，ケイガン（Kagan, J.）は3歳の時点で行動抑制が強い（引っ込み思案な）子は青年期になっても人との関わりが苦手であることを報告しています（Kagan et al., 1984）。これらは，乳幼児期の気質がその後の発達に影響を与えることを示唆しています。

しかし，トーマスとチェス（Thomas & Chess, 1986）の結果を裏返して眺めると，「扱いにくい子」の30％は特段の困難を示さず，「扱いやすい子」であっても18％は青年期初期までに何らかの困難を示していることになります。相対的には「扱いやすい子」のほうが行動上の問題を呈しにくいわけですが，「扱いにくい子」であっても行動上の問題を経験しない子どもが一定数いるという事実は，気質が個人の発達を決定的に左右するものではないことを示唆します。

これらの結果を理解する枠組みとして，ワディントン（Waddington, C. H., 1957）の水路づけモデルを紹介します（図5.2）。図中のボールは発達する個体

5.2 パーソナリティの生涯発達

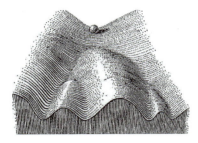

図5.2 ワディントンの水路づけモデル（Waddington, 1957）
このモデルは，原典では細胞の自己組織的な発達過程を説明するモデルとして提案されていますが，ここでは気質と環境が発達に与える影響に翻案して紹介しています。

を，起伏は気質を表し，坂を下ることを発達と考えます。起伏の形状は人によって異なります。ある気質的特徴が強ければ谷は深くなり，気質的特徴が弱ければなだらかな形状となります。ボールは坂を下り始めると，起伏の形状に合わせて複数の経路のどれか1つをとることになります（初期発達に及ぼす気質の影響）。途中で横から力が加わると，小さな起伏であれば簡単に越えることができますが，大きな起伏はより大きな力が加わらなければ越えることはできません（発達に及ぼす環境の影響）。ある気質的特徴を顕著に有している場合は，それを修正するのにより大きな力が必要になりますが，けっして修正不可能ではありません。同時に，修正する必要がない気質の場合は，多少環境が悪くても道を外れることがないことを意味します。逆に，弱い気質的特徴を有している場合は，わずかな力によって道を外れる恐れがあります。その特徴を維持するためにはよく配慮された環境が必要になります。つまり，このモデルは，気質は初期発達の方向性に影響を与えるが，その後は環境の影響を受けながら微修正され続けること，および，ある気質的特徴が強ければ相対的に変化しにくく，弱ければ環境の影響を受けて変化しやすいことを表しています。

　気質とその後の発達との関連は，すでに説明したクロニンジャーの気質・性格理論や行動遺伝学の観点からも理解することができます。これらに共通しているのは，個人の気質とその個人が経験する環境（周囲からの期待，要求，働きかけ等）の適合の良さが，その後の発達を左右するというものです。

5.2.2 アタッチメント（愛着）

　人は，主要な養育者（主として母親）との間に情緒的な絆を形成します。ボウルビィ（Bowlby, J., 1969）はこのような絆のことを**アタッチメント**（**愛着**；attachment）とよびました（アタッチメントについては7.2.2参照）。

　アタッチメント対象との間に安定した関係を形成することができると，子どもたちはアタッチメント対象を拠点として環境探索をするようになります（安定型）。しかし，安定した関係を形成することができないと，過度に独立的（回避型）または依存的（アンビバレント型）な行動をとるようになります。アタッチメント・スタイルの個人差を測定するためにエインズワースら（Ainsworth, M. D. S. et al., 1978）が開発した，ストレンジ・シチュエーション法とよばれる実験手続きの概要を図5.3に，その中でみられる子どもたちの行動特徴を表5.3に示しました。

　ストレンジ・シチュエーション法（Strange Situation Procedure；SSP）では，母親や見知らぬ人が実験室を出入りする際の子どもの行動を観察します。母子の分離・再会場面や見知らぬ人との遭遇場面での子どもの行動に着目して，子どもの行動パターンを回避型，安定型，アンビバレント型の3つ（後に，無秩序・無方向型を加えた4つ）のアタッチメント・スタイルに分類します。回避型は分離・再会場面で際立った反応を示さず，環境探索を継続する傾向があります。安定型は母子分離に対して強く反応し，後追いやしがみつきをするなど，情緒的混乱を示しますが，母親と再会するとすぐに落ち着きを取り戻して環境探索に移ります。アンビバレント型は母子分離に対して強く反応するのは安定型と同様ですが，再会場面では母親に身体接触を求めると同時に激しい怒りも表明します。情緒的混乱が容易に沈静化せず，環境探索に戻れないのも特徴です。

　従来は安定型と対比して他の型を不安定型とよんできましたが，近年では，アタッチメントの形成にも子どもの気質と親を中心とした環境の適合の良さが関係しており（van den Boom, 1994），安定型のみならず，独立的または依存的な行動パターンも，彼らが生活する環境に適応した結果であると考えられるようになってきました（Sroufe, 1988）。

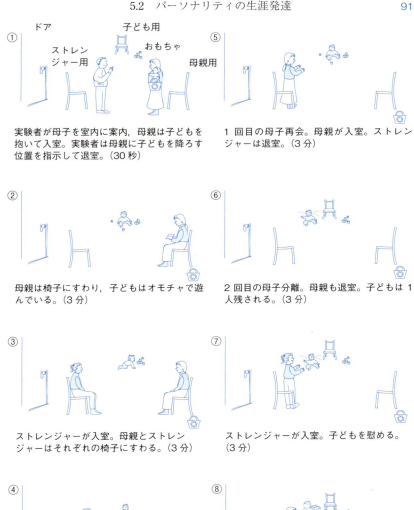

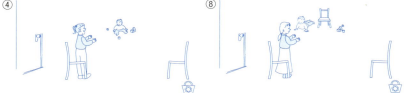

図 5.3　ストレンジ・シチュエーション法の手続き
（Ainsworth et al., 1978 を参考に繁多，1987 が作成）

表5.3 **3つのアタッチメント・スタイルの特徴**（Ainsworth et al., 1978を参考に作成）

型	特 徴
回 避 型	探索：感情を示さず，すぐに環境を探索する。 分離：1人で部屋に残されてもほとんど苦痛を示さない。 再会：目をそらしたり，母親を避けようとしたりする。
安 定 型	探索：母親を安全基地として環境を探索する。 分離：母親の不在に混乱を示す。 再会：母親を歓迎し，身体接触を求めて容易に落ち着きを取り戻す。落ち着くと，環境探索に戻る。
アンビバレント型	探索：強い苦痛を示し，環境探索ができない。 分離：強い苦痛を示し，落ち着かない。 再会：身体接触を求めるが，同時に激しい怒りも示す。なかなか落ち着きを取り戻すことができない。

このようなアタッチメントの研究は乳幼児期を中心に行われてきましたが，アタッチメント理論は本来，「ゆりかごから墓場まで」の生涯発達理論です。人は，乳幼児期の主要な養育者との相互作用を通して，自分自身やアタッチメント対象，自分が生活する世界などについての表象（期待や信念）を形成していきます。このような表象は**内的作業モデル**（Internal Working Model：IWM）とよばれ，社会的状況での自身の行動を方向づけるパーソナリティ特性となっていきます（Bowlby, 1973）。

1980年代の半ば以降，内的作業モデルの測定方法が開発されたことに伴い，児童期以降の人を対象とした研究が盛んに行われるようになりました。成果を簡単に要約すると，安定したアタッチメントを有していることが仲間関係や恋愛・夫婦関係などの親密な対人関係の形成につながることや（Collins & Read, 1990；Kerns et al., 1996），不安定なアタッチメントがうつ病等の精神病理の危険因子となることなど（Fonagy et al., 1996），アタッチメントの安定性が種々の心理社会的適応と関連することが示されています。

アタッチメントは，環境との相互作用によってパーソナリティが形成され，そのパーソナリティに適した環境を選びとる形で発達していくことを示す好例といえるでしょう。

5.2.3 アイデンティティ

児童期後期から青年期にかけて，人は「なぜ私は私なのか」という，自己に対する問いを経験するようになります（天谷，2002，2004，2005）。このような自身の内面へ関心を向けることが，アイデンティティ確立の前提になると考えられています（岡田，1993）。

アイデンティティ（identity）とは，「自分は何者か」「自分の存在意義は何か」など，自己を社会の中に位置づける問いに対して肯定的かつ確信的に回答することのできる状態であり，エリクソン（Erikson, E. H., 1963）が提唱した発達段階論の中で青年期の発達課題として掲げられているものです。心理・社会的発達に伴って進学・就職などの進路の問題や親子・友人・異性などの対人関係上の問題など，生き方にまつわるさまざまな問題に直面し，自己決定を要求される中で，青年は他の誰とも違う，独自の存在としての自己を確立していきます。しかし，この過程で，青年は多くの悩みや迷いを経験します。自分自身の存在意義や社会的役割を見失った状態をアイデンティティ拡散とよびます。これは自己探求を続ける青年の多くが一過性的に経験する自己喪失の状態であると考えられます（図5.4）。自己探求の過程で「自分」という存在を問い続けることが，アイデンティティの確立につながります。

マーシャ（Marcia, J. E., 1966）はアイデンティティの状態を，半構造化面接を通して検討しました。この中では，危機（複数の可能性や選択肢に迷い，意味のある決定をしようとした経験）と傾倒（自分自身の目標や信念に基づいて行動すること）に着目しています。そして，危機と傾倒の有無に基づいて青年を4つのアイデンティティ・ステイタスに分類しました（表5.4）。アイデンティティ達成は危機を経験し，現在は何かに傾倒している状態にあたります。これまでの生き方を問い直し，自分自身の目標や信念が明確になった状態であると考えられます。モラトリアムはまさに今，危機の最中で，複数の選択肢に直面しつつ，何かに傾倒しようと準備している状態です。早期完了（権威受容）は危機を経験せず，何かに傾倒している状態です。自分自身の生き方を真剣に問うという経験が不足しているため，価値観を揺さぶられるような経験をしたときに混乱に陥りやすいという特徴があります。アイデンティティ拡散に

老年期								統合 対 絶望
成人期 後期							生殖性 対 停滞	
成人期 前期						親密性 対 孤独		
青年期					アイデンティティ 対 アイデンティティ拡散			
児童期				勤勉性 対 劣等感				
幼児期 後期			自発性 対 罪悪感					
幼児期 前期		自律性 対 恥・疑惑						
乳児期	基本的信頼 対 不信							

図5.4 エリクソンの発達段階論（Erikson, 1963を参考に作成）
各発達段階には固有の発達課題があり，それらは「対」の形で表現されます。課題の克服に成功した場合にはポジティブな，失敗した場合にはネガティブな心性が前面に出てきます。また，人の発達は連続したものであるので，前の段階の発達課題に対する成功・失敗は次の段階の発達課題への取組みに大きな影響を与えます。

は危機を経験した場合と経験していない場合が含まれますが，傾倒していないというのが共通した特徴です。

　最後に，本項では青年期のアイデンティティについて説明しましたが，青年期以降にも繰返し危機が訪れ，そのたびに自分自身の生き方や価値観が問い直されることになることを付け加えておきます。「自己への問い」は生涯を通じて継続されるのです。

表5.4 アイデンティティ・ステイタス (Marcia, 1966を参考に作成)

アイデンティティ・ステイタス	危 機	傾 倒	特 徴
達 成	経験した	している	幼児期からのあり方について確信がなくなり，いくつかの可能性について本気で考えた末，自分自身の解決に達して，それにもとづいて行動している。
モラトリアム	その最中	しようとしている	いくつかの選択肢について迷っているところで，その不確かさを克服しようと一生懸命努力している。
早期完了（権威受容）	経験していない	している	自分の目標と親の目標の間に不協和がない。どんな体験も幼児期以来の信念を補強するだけになっている。硬さ（融通のきかなさ）が特徴的である。
拡 散	経験していない	していない	危機前：今まで本当に何者かであった経験がないので，何者かである自分を想像することが不可能である。
	経験した	していない	危機後：すべてのことが可能だし，可能なままにしておかなければならないという意識をもつ。

5.2.4 加齢とパーソナリティの発達

ここまで，主に乳児期から青年期までのパーソナリティの発達を概観してきました。しかし，近年の発達心理学では，青年期以降の，加齢に伴う心身の諸機能の変化も「発達」ととらえる生涯発達心理学の考え方が主流となっています（Baltes et al., 1984；Schaie & Labouvie-Vief, 1974）。エリクソン（Erikson, 1963）やハヴィガースト（Havighurst, J. H., 1953）は乳児期から老年期までの各段階に固有の発達課題が存在するという発達理論を展開し，レヴィンソン（Levinson, D. J., 1978）は40人に対して行った面接に基づいて青年期以降の発達を詳細に記述しています。

それでは，加齢に伴うパーソナリティの変化にはどのようなものがあるでしょうか。

エリクソン（Erikson, 1963）は青年期以降の発達課題として，親密性 対 孤独（成人期前期），生殖性 対 停滞（成人期後期），統合 対 絶望（老年期）を挙げています（図5.4）。アイデンティティを確立し，一個の独立した個人とし

て他者との間に親密な関係を形成し、子どもを産み育てたり、知識や技術を次世代に伝えたりして、最後は自分の人生を受け入れて死を迎えることが各発達段階の課題となります。これに関連して、成人期の大きなライフイベントである「親になること」に伴って、生きがいや柔軟さが高まり、視野が広がる一方で、自尊感情が低下するなど、さまざまな変化が生じることが報告されています（柏木と若松，1994；小野寺，2003）。

これらは加齢やライフイベントに伴う社会的役割の変化によって生じたパーソナリティの変化です。次に、生物学的な加齢に対する能動的な適応としてのパーソナリティの変化をいくつか紹介します。

バルテス（Baltes, P. B., 1997）は、加齢に伴って心身の諸機能が低下すると、それまでの水準を保つことができなくなるため、目標を限定し（選択：Selection）、その目標に最適な方略を適用することで（最適化：Optimization）機能低下を補い（補償：Compensation）、適応の機会を増加させるというSOC理論（selective optimization with compensation）を提唱しました。このSOC理論を発展させたのがヘックハウゼン（Heckhauzen, J.）の制御理論（control theory）です。人と環境の関わりには2種類あります。一つは目標を実現するために環境を変えようとする1次的制御で、もう一つは環境に合わせて目標を調整する2次的制御です（Schulz & Heckhauzen, 1996）。これら2つの方略は排他的ではありませんが、若いときには1次的制御が、高齢になるにつれて2次的制御がとられやすくなります（図5.5）。青年期まではより力をつ

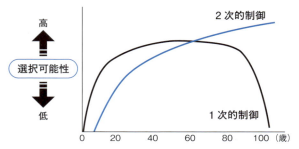

図5.5　ヘックハウゼンの制御理論（Schulz & Heckhauzen, 1998をもとに佐藤，2008が作成）

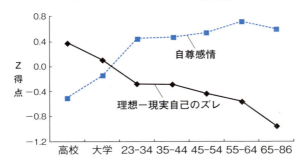

図5.6 **理想自己・現実自己のズレと自尊感情**（松岡，2006）

けて環境を克服しようとし，成人期以降は身の丈に合わせた環境選択をすることで適応を図っていると考えられます。

また，松岡（2006）は青年期から老年期までの人を対象とした質問紙調査により，年齢が上がるにつれて理想自己と現実自己のズレが縮小し，それと連動して**自尊感情**（self esteem）が上昇することを示しました（図5.6）。この研究は**横断研究**（年齢や発達段階の異なる対象に同時に調査することで，各群の特徴を明らかにしようとする研究方法）であるため，因果関係は定かではありませんが，加齢とともに目標を調整することで自己受容をしている様子がうかがえます。

成人期以降，青年期以前と同じように新たな機能を獲得することを期待することが難しくなる中で，能動的な自己調整によって最適な生き方を模索する姿が浮かび上がってきます。

ところで，ここまで述べてきたパーソナリティの変化は本当に起こっているものなのでしょうか。青年期以降のパーソナリティに関しては，実際に変化していることを示す報告が多くなされていますが（Bertrand & Lachman, 2003），その変化が実際のものではない可能性を示す研究も報告されています。

図5.7に，25年の間隔を空けて同じ対象に2度パーソナリティテストを実施した研究の結果を載せました（Woodruff & Birren, 1972）。調査の結果，2度の「現在の」パーソナリティには大きな違いがなかった一方で，25年前の「現在の」パーソナリティと現在から25年前のパーソナリティを振り返った結果に

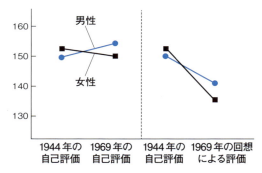

図5.7 パーソナリティの変化 (Woodruff & Birren, 1972をもとに作成)
図の左側は2度の「現在の」パーソナリティテストの結果，右側は25年前の「現在の」パーソナリティテストと25年前を振り返って評価したパーソナリティテストの結果です。

は大きな違いがありました。25年前の当時に比べて，現在から過去を振り返ったときの評価が低くなっていることが分かります。

　人は生涯にわたって発達し続けるものですが，その発達はその時々で自身がおかれている状況に適応する形で進みます。したがって，発達した「現在」からすると，過去は未発達の状態であると知覚されますが，「現在」の視点からは「その時点で最適の状態」という点で大きな差はないのかもしれません。青年期以降のパーソナリティは，「種や個体が生き残るためには進化し続けなければならない」という赤の女王仮説（『鏡の国のアリス』に登場する赤の女王の，「その場にとどまるためには，全力で走り続けなければならない」というセリフに基づく）のように，変わり続けることによって適応状態を維持するという形で発達するのかもしれません。

復習問題

1. パーソナリティの発達における，遺伝と環境の関連にはどのようなものがあるか，まとめましょう。
2. 青年期以降のパーソナリティの発達にはどのような理論や考えがあるか，まとめましょう。

参考図書

鈴木公啓（編）(2012). パーソナリティ心理学概論──性格理解への扉── ナカニシヤ出版

　気鋭の若手研究者を中心に執筆されたパーソナリティ心理学の概説書。重要事項の丁寧な記述のほかに，最新の情報を取り上げたコラムも充実しており，読みごたえがあります。

小塩真司 (2010). はじめて学ぶパーソナリティ心理学──個性をめぐる冒険── ミネルヴァ書房

　パーソナリティ心理学の幅広い領域を網羅していますが，「パーソナリティに対する考え方」を揺さぶることに主眼がおかれています。素朴にパーソナリティに興味がある人にも，パーソナリティ心理学を深く学びたい人にもお薦めの一冊です。

二宮克美・子安増生（編）青柳　肇ら（著）(2006). キーワードコレクション　パーソナリティ心理学　新曜社

　1項目あたり4ページで，パーソナリティ心理学の重要な理論や概念を解説してあります。パーソナリティ心理学の概要を簡潔に理解する好適書です。

第6章

発達：感情心理学の視点から

私たちが経験する感情や，感情に対する認知的側面は一生を通じて変化していきます。この章では人生の流れに伴って，感情やそれに関連する認知面がどのように変遷するかをみていきます。そして，「感情の賢さ」を育むとはどのようなことなのか，教育的介入についても考えたいと思います。

6.1 感情とは

まず初めに，感情とはどのようなものかについて押さえておきましょう（図6.1）。感情の定義はさまざまですが，各定義の共通点をまとめると，**感情**とは①進化論的にみて機能的であり，②主には外的事象（イベント）とその評価に左右されて起こり，③認知・主観的感覚・生理的変化・行動側面が含まれる，とされています（Shiota & Kalat, 2011）。

感情がどのようなプロセスを経て生起するかについて，**認知的評価理論**（cognitive appraisal theory）の立場では，起きた事象と自身との関わり（そのイベントが自分や自分が目指していることとどのように関わりがあるのか，そのイベントに対して自分はどのように対処できるのか，など）を評価し，その判断の結果に応じて各種の感情が生じると想定しています（Lazarus, 1991；Scherer, 2009など）[1]。また，生起する感情には，①悲しい，嬉しい，などの本

---

[1] 感情の生起に認知の介在を必要としないと考える立場もあり（Zajonc, 1980など），認知的評価論者との間で激しい論争をよびましたが，両者の主張の相違は感情や認知をどのようにとらえるかの違いによるものであり，真っ向から対立するものではないという見解がなされています（Lewis, 2008；遠藤，2013など）。

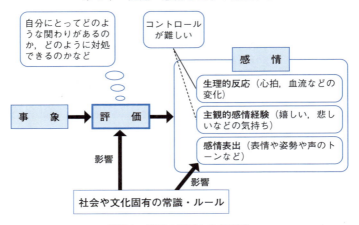

図6.1 感情の側面と生起過程

人が自覚的に経験する気持ちである**主観的感情経験**，②表情や姿勢や声のトーンなどといった行動的反応である**感情表出**，③心拍や血流量などに影響を与える神経系，内分泌系，免疫系や脳活動の変化である**生理的反応**，の3つの側面があるとされています。感情生起のプロセスのうち，事象をどのように解釈するかの認知と，どのように感情を表現するかの感情表出は社会や文化での常識やルールによる影響をうけて調節されやすいといえます。一方，主観的感情経験と生理的反応は本人の自覚的なコントロールが比較的難しいと考えられます。

6.2　一生を通じた感情発達

ここでは上で述べた3つの側面を含んだ感情と，感情に関する知識や理解，感情経験や表出をほどよく調節する感情制御[2]の発達的変遷について，主に発達早期に焦点をあて，続いて青年期・老年期における変化をみていきます。

---

[2] 感情制御についてもさまざまな定義がありますが，ここではグロス（Gross, 1998）による包括的な定義（「感情制御とは，どのような感情を感じるか，また感情を感じている際にどのようにそれを経験し表現するかを方向づけることである」）にならい，感情経験及びその表現に対する調整一般として広くとらえて述べます。

6.2.1 発達早期の感情の研究

先述したように感情には主観的経験・表出・生理的変化の側面があり，実証研究においてはこれらを測定する必要があるのですが，主観的感情経験の測定は言語による自己報告に頼らざるを得ないため，言葉を話すことができない赤ちゃんの感情を研究するのは困難です。したがって，乳幼児の感情研究は表情や行動の観察が中心となります。また，身体に接触せずに生理学的側面を測定する方法も工夫されつつあります（松村，2006など参照）。こうした研究法によって得られた知見を以下にみていきましょう。

6.2.2 生後3年間における感情発達

赤ちゃんは産まれてすぐに大人と同じ種類の感情をみせるわけではなく，発達が進むにつれて，感情が多様になっていくようです。ルイス（Lewis, M.）は認知能力の発達に伴って感情が分化・構成されていくと考え，誕生後3年頃までの感情経験の発達について図6.2のようにまとめています（Lewis, 2008な

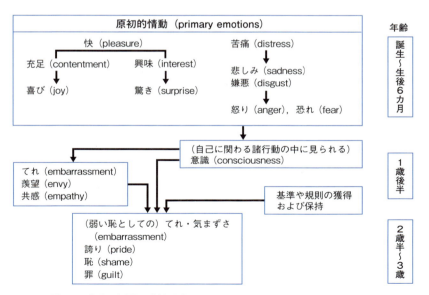

図6.2　生後3年間の感情発達（Lewis, 1997, 2008；遠藤訳, 2013）

ど)。

この図によると,誕生した時点では充足・興味・苦痛の感情が備わっており,その後この3つが分化していきます。

まず,快感情である充足は,喜び感情へと分化していくことが示されています。ルイスによれば,喜び感情は3カ月までに出現します。喜び感情は通常笑顔の形で表出されますが,笑顔は生後すぐにもみられます[3]。これは,自発的微笑(生理的微笑)とよばれるもので,刺激を与えられなくても生起し,赤ちゃんの内的な喜びを反映するものというより,神経の引きつれやREM睡眠中の眼球運動によって起きるものと考えられています。したがって,外からの刺激に対する反応として生じる外発的微笑とは区別されます(図6.3)。外発的微笑は生後6〜7週頃からみられるといわれており,モノよりも周りの人に向けられることが分かっています。こうした他者との関わりの中で生じる微笑を社会的微笑といいますが,赤ちゃんの微笑はそれを向けられた他者にとって大きな報酬になります。そして赤ちゃんの笑顔に大人も笑顔で応えると,その笑顔に赤ちゃんがまた笑顔を向け,こうしたやりとりが社会的相互作用の促進につながると考えられます(Messinger & Fogel, 2007 など)。また,眼輪筋(眼

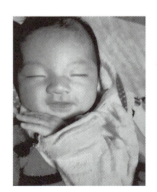 

図6.3 **生後初期の自発的微笑(左)と社会的微笑(右)** (写真提供:桜岡亜矢子)
右は左と同じ赤ちゃんがカメラの向こうにいるお母さんに対して笑いかけています。

---

[3] 川上ら(2012)は,在胎23週目の胎児にも自発的微笑がみられたと報告しています。

の周りの筋肉）の収縮を伴う笑顔は真正の喜び感情を反映した**デュシェンヌ・スマイル**（Duchenne smile）とよばれますが，幼い頃はデュシェンヌ・スマイルなしに快感情を表出することがあるようです。ただし，生後1～6カ月頃から，より強い喜び（他の人ではなく，養育者が微笑みかけてくれたときなど）の際は眼輪筋を収縮させた笑顔での反応が増えていき，生後10カ月頃にはデュシェンヌ・スマイルとそうではない笑顔の2種類をみせるといわれています（Messinger & Fogel, 2007）。

　興味は驚きに分化します。驚きは期待に反した出来事に出会った際に生起します。生後5カ月の赤ちゃんに，現実場面では起きない不可能現象（2つの人形をいったんスクリーンで隠し，スクリーンの裏に手を入れて1つの人形を取り除くところを見せた後，スクリーンを下げると人形がまだ2つあるなど）を見せて，反応を調べた実験では，不可能ではない結果（スクリーンを下げると人形が1つだけになっている）と比べて不可能な結果のほうをじっと注目することが分かっています（Wakely et al., 2000）。このとき，赤ちゃんの内部では驚き感情が生起していると推測できるかもしれません。ただし，目を見開くなどの驚き表情は2歳頃になるまで示されないので，それまでの赤ちゃんが真の驚きを感じているかどうかは簡単に結論づけられない問題です（Shiota & Kalat, 2011）。

　苦痛は悲しみや嫌悪，そして怒りや恐れに分化していきます。悲しみや嫌悪は3カ月頃までに出現すると考えられています。嫌悪は，口の中に好きではない味のものを入れられ，それを吐き出したり取り出したりする際に原初的な形で生起します。また悲しみは赤ちゃんの好きなものがなくなったり，養育者が赤ちゃんとのやりとりをやめてしまったりすると起きるとされています（Lewis, 2008）。

　同じくネガティブな感情である怒りや恐れは，悲しみや嫌悪よりもやや遅れて経験するようになると考えられています。苦痛から怒りへの分化に関する研究として，スタンバーグ（Sternberg, C. R.）とキャンポス（Campos, J. J.）は生後1カ月，4カ月，7カ月の乳児を対象とし，月齢によって怒りの表出がどのように生じるかを調べました。怒りは目指す目標の阻害の結果生じると考えら

れているので，彼らは，赤ちゃんの腕を押さえつけて動けないようにし，そのときの反応を観察しました（Sternberg & Campos, 1990）。1カ月児は未分化なネガティブ表情をしたものの，その表情は怒り顔の特徴を備えていませんでした。しかし，4カ月児や7カ月児になると，怒り顔の典型的なパターンを呈しました。この変化は乳児が曖昧な欲求不満から怒りを徐々に経験（表出）できるようになっていく過程を示唆すると考察されています。恐れは，怒りよりもさらに少し遅れた7, 8カ月頃に出現します。ルイスは，何かに対して恐れを経験するためには，その対象が自身にとって未知であることを認知する能力が必要だと考えています。たとえば，赤ちゃんは知らない人に対して恐れを抱きますが，そのためには，その相手の顔が自分の記憶している既知の顔とは違う，ということを分かっていなければなりません。

　また，図6.2の中では3つの原初的感情の次に，**自己意識的感情**（self-conscious emotions）が示されています。自己意識的感情とは，照れ（embarrassment），羨望，共感などの，より複雑な感情ですが，これらは1歳半頃から経験し始めるようです。ルイスは自己意識的感情の経験を可能にする認知能力に，自己の存在への気づきを挙げています。子どもが自己の存在に気づいているかどうかは，口紅課題とよばれる方法で調べることができます。口紅課題では，赤ちゃんの額に気づかれないように口紅を付け，その後鏡を見せます。赤ちゃんが，鏡に映っている赤ちゃん（赤ちゃん本人なのですが）の額についた口紅を見て，自分の額を触ったなら，自己の存在に気がついているということになります。反対に，自己の存在に気がついていない場合は，鏡の中の赤ちゃんは自分であるとは考えないため，自分の額には触らず，鏡の中の像が他者であるかのように振る舞います。この課題を通過するのは，大体1歳半から2歳頃といわれています（Lewis & Brooks-Gunn, 1979）。そして，口紅課題において自分の額に触れた子ども（鏡に映った像を自分だと理解している子ども）は，触れなかった子どもに比べて，注目を集めるような場面（実験者の前で踊るよう頼まれたり，誉めそやされたりする場面）で照れを多く表出することが知られています（Lewis et al., 1989）。

　さらにその後，2歳半から3歳頃に周りの規準やルールを獲得することによ

って自分を評価できるようになると，誇りや恥や罪悪感を経験するようになっていきます。規準に照らし合わせて自身の行動が成功している場合には誇りを，失敗している場合には恥や罪悪感を経験します。たとえば課題に失敗したという場合，2歳以前の子どもたちは悲しみを経験するのに対して，自己評価ができる年齢の子どもたちは恥や罪悪感をもつと考えられます（Lewis, 2008参照）。

　ルイスは3歳頃までに大人とほぼ同じ感情レパートリーを有するようになると述べていますが，もちろんそれは幼少期の感情と大人の感情がまったく同じということを意味するわけではありません。その理由の一つは，赤ちゃんの感情喚起時の生理的側面が大人とは異なる可能性があるためです。サーモグラフで顔面皮膚温度を測定し，それによって交感神経活動を検討した実験によると，2～3カ月児には感情喚起の際，大人と同じような交感神経系の亢進がみられませんでした（松村，2006）。また，たとえ感情を経験していたとしても，それを表出できるようになるには筋肉のコントロールなどといった身体成熟が必要になります。佐藤（2007）は幼稚園の年長児を対象として筋肉と感情表出との関係を検討し，手指の運動制御能力が顔の表情筋制御と関連することと，「い」の口の形をする際の表情筋運動が大きかった子どもはポジティブな感情表現（「い」と同じく口輪筋や頬筋の運動を必要とする）も大きかったことを明らかにしました。

　その他の理由には，同じ感情であってもそれを誘発する事象が変化することも挙げられます。たとえば，同じ恐れ感情でも，7カ月頃は大きな音や唐突な出来事や初めて見るおもちゃなどがそれを引き起こす事象である（Scarr & Salapatek, 1970）のに対し，4～5歳頃になると，モンスターや幽霊や怖い夢といった想像上のものに恐怖を抱くようになります（Bauer, 1976）。赤ちゃんを取り巻く世界は発達に伴って大きく変化し，出会う事象もどんどん変わっていきます。これらの意味からもやはり，感情は変化し続けるといえます。

6.2.3　発達早期の感情理解・感情制御

　赤ちゃんは乳児の時点でいくつかの表情を見分けているらしいということが明らかになっています。3カ月児を対象として，感情を表出した表情刺激を複

数提示し，これらを弁別できているかどうかを注視時間から調べた研究では，赤ちゃんが笑顔と怒り表情，笑顔と驚き表情，驚き表情と悲しみ表情とを区別できていることが示唆されました（Young-Browne et al., 1977）。私たちヒトは表情を識別する能力をある程度生得的に備えているといえるかもしれません。また，赤ちゃんは他者の笑顔には自分も笑顔を返し，怒った顔へは顔をそむけるなどの反応をするので，相手の表情が意味する言外の意味を生後4カ月頃くらいからすでに理解しているようです（Saarni, 1999）。

　次に感情制御に関してですが，赤ちゃんや子どもは社会的な相互作用の中で感情やその調節について学習すると考えられています（Saarni, 1999など。3.3参照）。とくに早期の感情制御発達には他者が大きく影響を与えます。まず，生後間もない頃はネガティブな感情が起きたときにそれを鎮めるのは赤ちゃん本人ではなく，養育者をはじめとする周りの大人たちです。赤ちゃんが経験するネガティブな感情（苦痛）は，初期の頃は空腹や身体的不快感が主なものですが，泣きやむずかりなどで不快な気持ちを表出すると，養育者らがミルクを飲ませたり，おむつを替えたりして不快感情を落ち着かせます。この体験は，周りの人を動かして自分の感情を立て直すことができたという自信につながり，その後の感情制御能力の源になると考えられています（遠藤，2012）。そして，不快感情を落ち着かせながら大人が，赤ちゃんの感じているであろう感情を名づけて反応したり（「嫌だったのね，可哀想に」などと声をかける），同じような感情状態になって子どもの感じている気持ちを映し出してあげたりすることで，自身が感じている感情についての知識も増していくでしょう。また，おかれている状況や出会った対象がよく分からないものであったとき，乳幼児は周りの他者の反応を見て，判断の参考にする社会的参照（social referencing）を行うことが分かっています（Saarni, 1999など）。たとえば，初めて見るおもちゃに対して，養育者が笑顔を向けていたとすると，子どもはそのおもちゃに積極的に近づいていくでしょう。反対に，養育者がおびえた顔をしていれば，子どもはそのおもちゃを怖がると考えられます。

　これらの経験を通じて，子どもは次第に自身の感情を自分で理解・制御できるようになっていきます（Thompson, 2011）。また文化や社会によって，期待

される感情のあり方は異なりますが，子どもは上に記したような他者との関わりや，感情に関する明示的なしつけ（「こんなときに笑ってはいけません」など）を受けることによって，自分が所属している文化や社会ではどのように感情を経験したり表出したりするのが望ましいのかの知識を身につけていくと考えられます。

さらに，正直な感情経験のままに感情表出を行うのではなく，それを調節することもできるようになっていきます。サーニは，表出の操作は最初期には「表出を大げさにすること」（実際の気持ちよりも激しく泣いて，周りの人の気を引くなど）で，2歳前後にはできるようになると考えています。彼女は次いで，感じている感情の表出を弱める「最小化」，ポーカーフェイスを装う「中性化」，本当に感じていることとは異なる表出をする「代用」が現れると述べています。たとえばサーニは，「気に入らない贈り物をもらった際に，がっかりした気持ちを隠して喜んでいるふりをする」という表出操作がどのように発達するかについての諸研究を概観し，3～4歳児や先天盲の小学生でも，（とくにプレゼントをくれた人の前では）笑顔をみせるとしています。大体3～5歳頃から，自分のいる社会ではどの状況でどのような感情を表出するのがふさわしいのかという表示規則について，大人と同じくらいの知識をもつようになるようです（Lewis, 2008）。

6.2.4 青年期

さて，ここからは青年期における感情発達をみていきましょう。青年期は第二次性徴の始まりである思春期とともに開始しますが，この時期には身体面で大きな変化が生じます。主には生殖のための生物学的な条件が整い始めるのですが，同時に，心臓，肺，筋組織等のさまざまな身体部位の発達も進み，顔の表情もより成人的特徴を帯びたものになります（Coleman, 2011）。この身体発達は，青年の対人関係にも変化を及ぼします。まずは，親子関係の変化が挙げられます。青年自身が身体的変化によって，自分が大人に近づいていることに気づく一方で，親の側も子どもをどう扱ってよいか混乱するようになります。これが親子間の葛藤につながることもあり，親子双方で関係の再編を図る必要

が生じます。こうした経験を通じて，青年は親との心理的距離を調整し，自律性を獲得していくと考えられています。また，親からの分離・独立は友人への一時的な依存を通して可能になっていくと考えられます。したがって，同時期に友人関係への没頭が生じ，青年にとって友人関係は非常に重要になっていきます[4]。また，この時期は，自分が何者であるのかや，社会で生きている実感や存在意義を模索する時期とも考えられています（Erickson, 1994）。

このように，青年期はさまざまな面で大きな変化が生じる時期といえます。それでは，この頃の感情経験や感情に対する認知はどのような特徴を有しているのでしょうか。以下の項で追っていきます。

6.2.5 青年期の感情経験

青年期の身体発達によって，感情経験に関連するホルモン分泌や脳の変化も起こります。思春期になると性ホルモンの分泌が増加しますが，女性ホルモンであるエストロゲンが高レベルになると，女性においては感情強調効果が現れるといわれています（Walf & Frye, 2006）。一方，男性ホルモンであるテストステロンは，怒りや攻撃の一要因と考えられていたり（Kuepper et al., 2010），男性において感情強調効果がみられたり（Seidman et al., 2009）しますが，諸研究の結果は一貫しておらず，詳細は不明です（Shiota & Kalat, 2011）。ここで注意しておかなければならないのは，エストロゲンやテストステロンは，その個人内変化が感情に影響するのであって，絶対数値が引き起こすのではないという点です。そのために，ホルモンの変化が顕著な青年期において，感情の動揺が起きると考えられています。

また，近年の脳神経科学研究の技術向上によって，青年期の脳発達について詳しく分かるようになりました。青年期にみられる脳変化の特徴として，大脳辺縁系が大きく発達することが明らかになっています。大脳辺縁系は感情

---

[4] ただし，青年期における親の役割は友人によって奪われるのではなく，変容するのだと考えられています（Lamb & Lewis, 2011など）。青年期になっても，人生における重要な価値観は親に相談するなど，親は子どもに影響を与え続けます（Hendry et al., 1993）。

にかかわる情報を処理する部位なので，ここが大きく変化する青年期は過度に感情的に，また不安定な感情状態になる場合もあると指摘されています（Coleman, 2011；Somerville et al., 2010など。3.4参照）。

　ただし，青年期に特徴的な感情の要因は身体的側面の直接的な変化のみに起因するものではありません。先ほど述べた通り，青年になると対人関係をはじめとして外界の状況が変化します。感情が先行事象に左右されることを考えると，これも感情の変化に影響を与えると考えられます。親との葛藤や彼らにとって重要な友人関係に関する悩みが，怒りや不安を多く経験することにつながるかもしれません。実際に，前青年期から青年期にかけて，ネガティブな感情経験が顕著に増えていくことが分かっていますが，ネガティブな感情の原因について尋ねると，前青年期ではその場の状況要因を多く挙げたのに対して，青年期では人間関係などのより社会的な理由を挙げました（Larson & Asmussen, 1991）。

　また，青年期の認知発達によって周りの人や世の中についての解釈が変わり，新たな感情を抱くこともあるようです。ラーソンとアスムッセン（Larson, R., & Asmussen, L., 1991）は，青年期になると自分が抱いているネガティブな感情を他者の気持ちや将来の見通しなどを考慮したより抽象的な形で表現するようになると報告しています。そしてその結果としてそれまで気がつかなかったことに傷つき，ネガティブな感情経験が増すことにつながっているのではないかと考えています。

　しかし一方で，活動範囲が広がって新しい体験をした際にそれまでにない性質の興味や喜びを経験することもあるかもしれません。先のラーソンらの調査では，青年期になると友人に関するネガティブな感情が増すものの，同時に友人に関するポジティブな感情経験も大きく増加し，前青年期よりも多く報告されていることが示されています。

6.2.6　青年期の感情理解・感情制御

　感情理解の研究では児童期から青年期にかけて感情の知識が著しく豊かになると示唆されています（Saarni, 1999など）。たとえば，幼児から青年までを対

象として表情図がどのような顔をしているか答えさせた実験では、青年期になると正答率がほぼ100％になるのみならず、答えの表現も多様になることが示唆されています（星野, 1969）。

次に感情制御についてですが、これについても青年期特有の脳発達が影響を与えています。サマービルら（Somerville, L. H. et al., 2010）は、青年期には感情や衝動を司る扁桃体や腹側線条体などの辺縁系の皮質下が発達する一方で、認知的側面や衝動のコントロールに資する前頭皮質の発達は十分ではないという不均衡状態が起きるとしています（図6.4）。

この不均衡によって、この頃は衝動の制御がきかず、感情や刺激に動かされた行動が上昇すると考えられます。シオタとカラット（Shiota, M. N., & Kalat, J. W., 2011）は諸研究をまとめた結果、青年期の子どもたちは十分な時間があれば大人と同じレベルの論理的思考ができるが、瞬時に判断が必要な状況では強い欲望を制御できず、抱いている感情に左右されやすいとしています。したがって、この時期は感情を十分に制御できず、リスクのある行動をとってしまうこともあるかもしれません（3.3, 8.2.2参照）。

しかし、感情理解や感情制御の発達的変遷を検討した研究は多くが青年期到達頃までを対象としています。青年期の中でどのような変遷が起き得るの

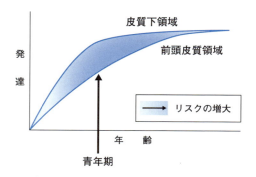

図6.4　年齢と皮質下領域の発達と前頭領域の発達（Somerville et al., 2010より）
扁桃体や腹側線条体の皮質下領域の早期成熟（上側の曲線）と、前頭皮質領域の遅い発達（下側の曲線）とがあいまって、青年期の感情に駆り立てられた行動の非曲線的増大を予測しています。

かについては知見があまりそろっていないため,その後の成人に対する研究知見との間に分断が生じているといえます。また,青年期の感情制御が成人期と異なると示唆されてはいますが,年齢層を超えた調査研究は多くありません(Riediger & Klipker, 2014 など)。青年期の感情がその後どのように発達していくかについては,いまだ検討の余地があるといえます。ただし,青年期の感情経験や制御傾向は幼少期から引き継いだ特徴による個人差が大きくなると考えられており(Shiota & Kalat, 2011 など),青年全体の標準的発達の軌跡を追うことはそれほど重要ではないのかもしれません。

6.2.7 高齢者の感情とその認知的側面

続いて,この項では高齢期の感情について述べていきます。意外に思われるかもしれませんが,高齢者は幸福感が高いことが明らかになっています(3.5参照)。若い人と比較した調査では,高齢者はポジティブな感情を多く・長く経験し,ネガティブな感情を少なく・稀な頻度で経験することが(Mroczek & Kolarz, 1998;Carstensen et al., 2000),また縦断研究では加齢に伴ってネガティブ感情経験が低下することが報告されています(Charles et al., 2001)。さらに,他者の表情に対する反応でも,高齢者は喜び表情への敏感性が若年者よりも高い一方で,その他の表情認識は低いことが分かっています(鈴木ら,2005)。

こうした傾向については加齢に伴う生理的側面の変化から考察されています。加齢に伴って感情生起に関連する生理的側面の反応は低下していきます。たとえば,高齢の人(65歳以上)は若い人と比べると,感情経験時の自律的反応が弱いことが分かっています(Levenson et al., 1991)。そしてその中の一つに脳内の扁桃体の機能低下が挙げられますが,これが喜び以外の表情認識が鈍くなる原因だと考えられています。扁桃体は脅威や危機に対する処理に関わっているため,扁桃体を損傷するとネガティブ表情の認知に障害が生じることが分かっています(Adolph, 2002 など)。この知見からすると,高齢者は感情経験や認知において部分的に衰えていくということになるのかもしれません。

しかし,高齢者の感情経験・認知がポジティブな方向へ傾く理由はそれ以外にも考えられています。カーステンセンら(Carstensen, L. L. et al., 1999 など)

は社会感情的選択理論（socioemotional selectivity theory）を提案し，高齢者の感情傾向を説明しています。この理論では，自分の人生に残された時間がどの程度かの認識によって，抱く社会的目標（何のために他者と接するのか）が変化すると考えます。社会的目標は他者から有益な情報を得ようとする「知識獲得」と，他者と一緒にいることで感情を落ち着かせたり，感情的な親密性を高めたりしようとする「感情制御」の2つに大別されます。自分の残りの時間がわずかであることを意識していると，今の時間を居心地よく暮らそうとする感情制御の目標を重視するのに対して，今後の時間はふんだんにあると知覚すると，将来のために役立ちそうな情報を多く得ようとして，知識獲得の目標を志向すると考えられます。

　この知識獲得目標と感情制御目標の比率は加齢に伴って変化します。具体的には，高齢になるほど感情制御目標が知識獲得目標を上回ると想定されています（図6.5）。つまり，高齢になると人生の残り時間が少ないことを意識するので，「今，ここで」の楽しみを最大化し，現時点での感情を直ちに満足させようとする傾向が強くなるのです（反対に，若い人は将来の利益に備えて，現在の幸せは後回しにすることがあると考えられます）。実際にカーステンセンらの行った諸研究からは，高齢者は若者と違い，一緒に過ごす相手として感情的報酬を得ることのできる家族や親しい友だちを多く選択することが分かっています（レビューとして，Carstensen & Charles, 1998）。高齢者はその場その場で自身が気分よく暮らせるような行動を選択しており，それが高齢者におけるポジティブ感情経験の高さにつながるといえます。

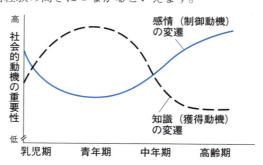

図6.5　年齢の進行と重要視する社会的目標の変遷（Carstensen et al., 1999より）

また，高齢者の感情制御にも特徴がみられます。高齢者は若い人と比較すると，怒りを感じにくく，怒りを経験した場合でも，その感情を受け入れて穏やかに対処することが分かっています（Blanchard-Fields & Coats, 2008）。こうした見地からは，高齢者が自身の感情やその制御を巧みに行って，日々生きやすいように過ごしている様子がうかがえます。

ただし，いずれの考察にしても，ポジティブな感情を経験しやすい人が高齢者になるまで長生きできたという生存者効果が否定できない点も留意しておく必要があるでしょう。

6.3 感情の養育・教育

ここまでは，感情や関連する認知能力が年齢に応じてどのように変化していくかを述べてきました。それでは，感情経験や感情に関する認知的側面のより良い発達を導くためには，どのような養育・教育が考えられるでしょうか。以下では，感情に関わる教育的実践の一つとして感情の賢さという観点から検討した感情知性概念について取り上げ，それをどのように育むことができるのか，感情知性のトレーニングについて考えていくこととします。

6.3.1 感情知性

1970年頃に，感情研究において感情に関する法則や思考への影響が示され，研究者たちは，私たちの理性的な判断を邪魔する存在だと考えられていた感情が，実は生き残りや日常生活を送るために役に立つ存在なのだと認識を新たにしていきました[5]。他方，知能研究の分野では認知的側面に限定されていた知能の範囲を広げる試みが起こります。これらの流れを受けて，サロヴェイとメ

---

[5] 感情の機能には，重要事象への対処を促すように心身に影響を及ぼす（その事象に意識を集中させ，またそれに必要な身体エネルギーを注ぐようにしむける）働き，記憶や学習やプランニングなどの認知処理を促進する働き，感情を表出することによってコミュニケーションを促したり，他者から必要な反応を引き出したりする働きなどが挙げられています（遠藤，2013など）。

イヤー（Salovey, P., & Mayer, J. D., 1990）が感情の機能性を知能の範囲に含めようと試み，感情知性（Emotional Intelligence；EI；8.4.2参照）を定義しました。感情知性は「感情について判断する能力や，思考を高める感情の能力であり，正確な感情知覚，思考を助ける感情へのアクセスやその生起，感情に関する知識の理解，感情的・知的な成長を促進するために思慮深く感情を制御する能力を含む」と定義されています（Mayer et al., 2004）。メイヤーらは4枝モデルによって，感情知性の内容を4つの部門にまとめました（図6.6）。4部門は処理レベルの浅い順に，自他の感情を正しく知覚する「①感情の知覚」，感情情報を利用して思考を進める「②感情による思考の促進」，感情についての知識をもち，感情のもつ情報を理解する「③感情の理解」，特定の感情を回避したり，自己の平静のために価値判断をし直したりする「④感情の管理」とされています（Mayer & Salovey, 1997）。

その後サイエンスライターのゴールマン（Goleman, D., 1995）が一般向け読み物で感情知性を紹介し，この概念は世間から多大な注目を集めました。しかし同時にそのせいで，大衆受けを狙う大げさで非科学的な定義が乱立してしまい，概念自体の妥当性が疑われることとなりました。また，メイヤーらの提案しているモデルについても，結局は感情の働きを生かす知性の部分はうまく概念化・実証できておらず，感情研究が明らかにしてきた感情に備わる機能への考察を欠いていると批判されています（Zeidner, M. et al., 2009など）。しかし，

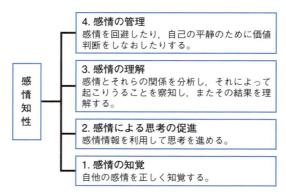

図6.6 **感情知性の4枝モデル**（Mayer & Salovey, 1997をもとに作成）

ザイドナーらは一方で，感情知性という包括的な枠組みをもって，既存の知見を新たな角度から照らせることへの期待を述べています。4枝モデルの4部門は，前の節で取り上げた感情にかかわる認知的側面を広くカバーしていると考えられます。これまで独立に行われてきた諸知見を感情知性という傘の下に入れることによって，体系的な考察が可能になるかもしれません。

6.3.2 感情知性を育むとは？

感情知性が注目を集めた理由の一つには，一般知能よりも後天的獲得が容易だと示唆された点（ゴールマンの「EQは教育できる」という主張（1995）など）にあるといえます。感情知性は教育によって向上し得るとの立場から，幅広い年代を対象としたトレーニングが多数考案・実施されており，それらは総称として社会感情的学習（Social and Emotional Learning；SEL）とよばれています（Elias et al., 1997など）。一例を挙げると，その中にPATHS（Promoting Alternative Thinking Strategies）という子ども向けプログラムがあります。このプログラムでは中核にABCDモデル（Affective Behavioral Cognitive Dynamic model）というものを据えています。ABCDモデルでは，感情（Affective），行動（Behavioral），認知（Cognitive）理解の発達的統合に重きをおき（Greenberg & Kusché, 1993など），強い感情の抑制や，感情状態に対するラベルづけ，感情の理解や制御に関するトレーニングなどを行います。これらは感情知性の4枝モデルのすべてを射程に入れていると考えられるでしょう。問題行動予防研究グループ（Conduct Problems Prevention Research Group, 1999）が行った調査によると，このプログラムを経験した子どもは，そうではない子どもに比べて攻撃性が減少したことが報告されています。

しかし，SELが感情にかかわる能力に対して実際にどのような効果をもつかについての検証は，それほど多くなされていません。小松と箱田はこうした現状を指摘した上で，半年間SELを受けた日本の中学生約1,000名を対象として，その効果を測定しました（小松と箱田，2015）。その結果，SELを受けたことによって感情の能力が一部上がることが示された一方で，対象生徒の学年や効果指標の種類によっては，SELを受けた後に感情にかかわるテストの成績が下

がったり，SELを受けなかった生徒のほうが好成績を収めたりすることも分かりました。SELを受けることで感情に関する能力が何でも向上するわけではないことがうかがえます。SEL実施にあたっては，こうした効果を地道に検討し，どのような介入がより効果的なのかについて，考え続けなければならないといえるでしょう。

　また遠藤（2009）は感情知性概念が広く一般に知れ渡ったことで，養育・教育場面において皮肉にも（とくにネガティブな）感情を抑えこむ力の重視につながってしまっているのではないかと危惧しています。そのような大人側の信念は，SELに限らず子どもを育むさまざまな場で，「感情的にならないように」と教えることにつながるかもしれません。しかし，それは感情知性が元々想定していた，感情の機能性を発揮する能力という性質とは食い違うものです。遠藤は，上記の危惧に関連して，「オープンな感情的環境のなかに生きることの大切さ」を主張しています（遠藤，2009, 2012）。つまり，正負幅広い感情を経験できる環境の中で大人側が子どもに共感しつつ寄り添い，その子がネガティブな感情を呈したときにどのように対処すればよいか，彼らの感情を映し出しながら導いてあげることが重要だということです。前の項でふれた，感情知性に対する感情研究者の指摘からも，真の感情教育のためには子どもたちが感情を経験しないようにするのではなく，子どもが大人の保護のもとで感情を豊かに経験した上で，自身の感情がどのような結果につながるのかといったことと，感情の有効な面や危険な面を知り，調整していく体験を増やしていくことが必要だといえるでしょう。

復習問題

1. 発達に伴って，感情経験やその表出，感情に関わる認知的側面はどのように変遷していくのでしょうか。また，それはどのような要因によるものでしょうか。
2. 感情経験・感情制御を適切に育むにはどのようなことが重要だと考えられるでしょうか。

参考図書

遠藤利彦・石井佑可子・佐久間路子（編著）（2014）．よくわかる情動発達　ミネルヴァ書房

　感情とその発達に関するトピックを，見開き2ページもしくは4ページで簡潔に解説する構成になっています。感情に関する基本的理論から，さまざまな状況の子どもたちが体験する感情まで101もの幅広いテーマを取り扱っています。

サーニ，C. 佐藤　香（監訳）（2005）．感情コンピテンスの発達　ナカニシヤ出版

　感情やそれにかかわるコンピテンスは社会的なかかわりの中で発達するという立場から，乳幼児期から青年期にかけての発達的変遷を丁寧に追っています。先行研究の知見や子どもたちのエピソードが豊富に紹介・解説されています。

須田　治（編）（2009）．情動的な人間関係の問題への対応　金子書房

　感情発達とその支援について，理論的知見と共に多様な実践的視点から述べられています。とくに，本章では紙幅の都合上扱うことのできなかった定型発達児以外の子どもの感情発達について多くの示唆を得ることができます。

日本心理学会（監修）箱田裕司・遠藤利彦（編）（2015）．本当のかしこさとは何か──感情知性（EI）を育む心理学──　誠信書房

　近年とみに注目を集めている感情知性について，それは一体どのようなものなのか，またいかに教育することができるのかという問いに，学術的な立場から真摯に取り組んだ内容になっています。

第7章

対人関係：パーソナリティ心理学の視点から

　仲の良い友人や大切な恋人のことを思い浮かべてみてください。あなたはなぜその人たちと親しくなったのでしょうか。たまたま同じクラスになったから，好みの顔だからといった理由ももちろんあるでしょうが，「性格が似ているから」「やさしいから」といった理由もあるのではないでしょうか。雑誌などでは女性が交際相手に求める条件として「やさしさ」や「誠実さ」といった項目がいつも上位にランクインしています。私たちはさまざまな対人関係の中で生活をしていますが，どうやら対人関係とパーソナリティには深い関わりがありそうです。本章では，対人関係の中でも，青年期においてとくに重要となる友人関係と恋愛関係に焦点を絞り，パーソナリティとの関わりから理解を深めていきたいと思います。

7.1　友人関係

7.1.1　友人関係の特徴

　まずは，友人関係の特徴についてみていきます。友人関係や友情に関するテーマは，哲学や文学の世界からドラマの世界まで非常に幅広い分野で目にしますが，心理学においてはどのように扱われているのでしょうか。心理学の中で，**友人関係**とは，「親密さや関係としての楽しさによって特徴づけられた個人的，自発的な関係」（Baumeister & Vohs, 2007）として定義されています。もちろん，この定義以外にも研究者によって定義が少し異なっていることがありますが（表7.1），多くは，「お互いが望んでつながりをもっている親密な相手」が友人であると考え，さまざまな研究が生み出されてきました。たとえば，松井（1990）は，青年期の友人関係が社会化に果たす機能として，「**安定化機能**（緊張や不安，孤独などの否定的感情を緩和・解消してくれる存在としての友人）」「**社会的スキルの学習機能**（他者との適切な関係の取り方を学習させて

表7.1　友人関係のさまざまな定義

研究者	年	定義
コールドウェルとペプロウ	1982	助け，快適さ，感情共有，ちょうど良い楽しさの源。
バーント	2002	互いが助け，共有し合う関係。
ハイルとシュミット	2007	家族以外の自発的で親密な他者。
バウマイスターとヴォース	2007	親密さや関係としての楽しさによって特徴づけられた個人的，自発的な関係。
フェール	2008	平等，相互関与，相互好意，自己開示，さまざまな種類のサポートの供給に特徴づけられた自発的，個人的な関係。

くれる存在としての友人）」「**モデル機能**（自己の行動や自己認知のモデルとしての友人）」という3つを挙げています。他にも，親密な友人関係は，青年期の発達課題である自我同一性の獲得にとって重要である（Walterman, 1993），親しい友人をもつことで孤独感を低減する（藤原と石田，2010），といったように青年期において親密な友人関係を形成することは，青年の適切な発達を促すことが示されてきました。

　一方，現代の青年は，友人との積極的な関わりを拒否し，当たり障りのない会話に終始し，本音をみせない付き合い方を好むという特徴も明らかになっています。岡田（1999）は，現代青年の友人関係の特徴を，「関係回避（友人とのコミュニケーションをできるだけ回避して，自分の中にこもってしまう）」「内面関係（お互いの気持ちを正直にぶつけあって，気持ちを共有することで親密さを表現していくような深い関わりを友人との間で求める）」「気遣い・群れ（お互いのプライベートな情報を共有し合うようなことをなるべく避けて，お互いに傷つけ合わないように非常に表面的に友人とのコミュニケーションをとる）」という3つのパターンによって整理をしています。このような特徴は，友人関係の変化（希薄化）として注目されてきましたが，友人関係は外的な報酬や罰，他者からの働きかけによって維持されることがあることを考えると（Ojanen et al., 2010），変化というよりも友人関係の多様化（友人との付き合い方には個人差がある）と考えることができるでしょう。

7.1.2 友人との付き合い方に関する個人差

　友人との付き合い方に関する個人差に関して，近年，友人関係における動機づけ（岡田，2005）という考え方が提唱されています。友人関係における動機づけとは，友人と付き合う理由のことであり，動機づけ理論の一つである自己決定理論（self-determination theory）（Ryan & Deci, 2000）に基づいて概念化されたものです（4.7参照）。自己決定理論とは，非動機づけ，外発的動機づけ，内発的動機づけという3つの動機づけ状態を想定し，自己決定性（自分自身がやると決める程度のこと）の概念を元に，スポーツや学習，対人関係などさまざまな領域における動機づけを包括的にとらえる理論です（岡田，2010）。上述した，友人関係の多様化を考える上で有用な視点であり，友人関係における動機づけの個人差を測定するための尺度が開発されています（岡田，2005）（表7.2）。「友人関係への動機づけ尺度」は，自己決定性の程度により外的な報酬や他者からの働きかけによって行動が開始される「外的」（例：友人のほうから話しかけてくるから），不安や義務の感覚から，あるいは自己価値を維持

表7.2　友人関係における個人差を測定する尺度一覧（本田，2012aをもとに作成）

研究者	年	尺度名	カテゴリ
和田	1993	友人関係に望むもの	「協力」「情報」「類似」「自己向上」「敏感さ」「共行動」「真正さ」「自己開示」「尊敬」「相互依存」
落合・佐藤	1996	友達とのつきあい方に関する尺度	「防衛的」「積極的相互理解」「自己自信」「全方位的」「被愛願望」「同調」
長沼・落合	1998	友達とのつきあい方に関する尺度	「友達とのつきあいの深さ」「相手との心理的接近の仕方」
岡田	1999	友人関係尺度	「自己閉鎖」「自己防衛」「友人へのやさしさ」「群れ」
小塩	1999	友人への要求尺度	「理解・評価欲求」「関与欲求」「過剰関与回避欲求」
吉岡	2001	友人関係測定尺度	「自己開示・信頼」「深い関与・関心」「共通」「親密」「切磋琢磨」
岡田	2005	友人関係への動機づけ尺度	「外的」「取り入れ」「同一化」「内発」
松尾ら	2006	友人関係志向性尺度	「選択的友人関係志向」「全面的友人関係志向」

図7.1 「友人関係への動機づけ尺度」の概念

したいために行動する「取り入れ」（例：友人がいないと，不安だから），個人的に重要であるからといった理由で自発的に行動がなされる「同一化」（例：友人と一緒に時間を過ごすことは，重要なことだから），興味や楽しさなどのポジティブな感情によって動機づけられる「内発」（例：友人と一緒にいるのは楽しいから）の4つの下位尺度から構成されています（図7.1）。

　友人関係における動機づけに関しては，自己決定性の高い動機づけである同一化や内発が，友人への向社会的行動を促進すること（岡田，2005），動機づけの高さが学習時に友人へ援助を求めることや相互学習を促進すること（岡田，2008）などが明らかにされています。また，自己決定性の低い動機づけである取り入れや外的が，友人との対人葛藤時に自己譲歩スタイル（自分よりも相手を優先する対処方略）や強制スタイル（相手よりも自分を優先する対処方略）を促進すること（本田，2012b）などが明らかにされています。このように，友人関係における動機づけを想定することで現代青年の友人関係の特徴をとらえることが可能となります。

7.1.3　対人魅力からみた友人関係

　次に，そもそも人はどんな相手と友人付き合いをするのかについて考えます。人との付き合い方に関して，心理学においては主に対人魅力という分野で研究が行われてきました。対人魅力とは，人に対する好意的または非好意的な態度のことです（三宅，1992）。対人魅力に影響を及ぼす要因として，距離の近さや身体的特徴，類似性などさまざまなものが検討されていますが，ここでは類似性についてみていきます。対人魅力における類似性に関しては，人は，自分

と態度が類似していない他者よりも態度が類似している他者のことを魅力的であると評価する傾向にあることを実証したバーン（Byrne, D., 1961）の研究が有名です。類似性は，相手との相互作用において生じるポジティブな感情の表出を促進することが明らかとなっており（Izard, 1960），態度以外にも能力や経済的な地位において類似性の効果がみられることが分かっています（Byrne et al., 1966）。

また，パーソナリティの類似性に関する研究も行われています。リーダーとイングリッシュ（Reader, N., & English., B. H., 1947）は，支配性や優位性などさまざまな特性を用いて，友人ペアと知り合いペアとの比較によってそれらの類似性が異なるかどうかについて検討を行い，知り合いペアと比較して友人ペアのほうが，パーソナリティが類似していることを明らかにしました。しかし，谷口と大坊（2002）による同性友人関係を対象としたパーソナリティの類似性と対人魅力との関連を検討した研究では，両者に関連はみられず，社会的に望ましいパーソナリティをもっている相手に魅力を感じるという結果が得られています。

では，社会的に望ましいパーソナリティとはどんなものでしょうか。アンダーソン（Anderson, N. H., 1968）は，大学生を対象に555個のパーソナリティを表す形容詞について好ましさの評定を行わせ，「正直な」「思いやりのある」「誠実な」といった言葉が上位にくることを明らかにしました。これらの形容詞は，有名なパーソナリティモデルの一つであるパーソナリティの5因子モデルに関連しています。5因子モデルとは，個人の嗜好，感情，行為の典型的なパターンに基づいて人への理解を深める考え方のことであり（Carver, 2010），神経症傾向（Neuroticism；N），外向性（Extraversion；E），（経験への）開放性（Openness to Experience；O），調和性（Agreeableness；A），誠実性（Conscientiousness；C）の5つのパーソナリティの組合せから人の特徴を理解するものです（表7.3。1.4.1, 5.1.2参照）。先ほどの「正直な」「誠実な」といった形容詞は，誠実性に対応したものであるといえます。また，セルフハウトら（Selfhout, M. et al., 2010）は，友人ネットワークと5因子モデルとの関連を検討し，外向性が友人選択の数を促進することを明らかにしています。人

表7.3 **5因子モデルの特徴** (小塩, 2014；ネトル, 2009をもとに作成)

	高い人の特徴	低い人の特徴
神経症傾向	ストレスに弱く，不安が強い。	落ち着いている。
外向性	社交的であり，自己主張が強い。	よそよそしくて物静か。
（経験への）開放性	創造的で，好奇心が強い。	現実的であり，伝統重視。
調和性	共感性が高く，人を信頼しやすい。	非協力的で批判的。
誠実性	意志が強くて自己管理が得意。	だらしなくて，注意散漫。

は自身のパーソナリティと似ている相手や社会的に望ましいパーソナリティをもっている相手と友人になりやすいのです。

7.1.4 友人関係とパーソナリティ

最後に，友人関係とパーソナリティとの関連についてみていきます。これまでの研究では，友人関係に関連するパーソナリティとしてセルフ・モニタリング傾向（八城，2010），不快情動回避心性（福森と小川，2006），主張性（渡部，2010）などさまざまなものが取り上げられてきていますが，ここでは「自己愛」について紹介します。自己愛には自己愛性パーソナリティ障害という病理的な観点から検証されているものもありますが，ここでは，多くの人が少なからずもっているパーソナリティとしての自己愛傾向について考えます。自己愛傾向は，自分自身への関心の集中と，自信や優越感などの自分自身に対する肯定的な態度，さらにその感覚を維持したいという強い欲求によって特徴づけられる傾向として定義されています（小塩，1998）。自己愛には，「優越感・有能感（自己肯定感の強さ）」「注目・称賛欲求（他者からの評価への期待）」「自己主張性（自己の強さ）」という3つの側面があり（小塩，1998），それぞれの特徴が友人との付き合い方とどのような関係にあるのかについて研究が行われています。岡田（2007）は，現代青年の友人関係の特徴を検討するために，友人との付き合い方と自己愛傾向との関連について検討を行っており，内面的な友人付き合いをしている人は，注目・称賛欲求が低く，一方，傷つくことを回避し，円滑な関係を保つような友人付き合いをしている人は，注目・称賛欲求が高いことを明らかにしています。また，加藤ら（2014）は，自己愛傾向がソー

シャルサポートや友人関係への適応に及ぼす影響について検討を行っており，自己愛傾向が高いと友人関係満足感が高まることを明らかにしています。このように，友人関係に関して，パーソナリティとの関わりからみていくことでより理解を深めることができます。

7.2 恋愛関係

7.2.1 恋愛関係の特徴

　はじめに，恋愛関係の特徴について考えます。恋愛関係も友人関係と同様に非常に身近なテーマであり，多くの研究が行われてきました。恋愛関係の特徴に関して，ルビン（Rubin, Z., 1970）は，恋愛関係における愛情（love）と友人関係における好意（liking）の質的な違いについて検討しています。その結果，愛情は，「相手への親和・依存」「相手への奉仕」「排他性」などで構成されており，好意は，「相手への尊敬・信頼」「好意的な評価」「類似性の認知」などで構成されているというように，両者には違いがあることを示しました。そして，両者を測定するための尺度（love scale, liking scale）を作成し，恋愛関係では，愛情と好意のどちらもが高く，友人関係では好意は高いが愛情は低いことを明らかにしました。

　このような恋愛関係の特徴を明らかにする研究の他に，恋愛をいくつかのタイプに分けて考えたリー（Lee, J. A., 1974）の恋愛の色彩理論は恋愛関係における理論の中でもとくに有名なものです。リーは，小説や歴史書などの膨大な文献に記載されている恋愛に関する記述を収集しました。そして，多くの人々に面接調査を行い，恋愛に対する態度を6つに分類しました（表7.4）。この6つの恋愛タイプは注目を浴び，それらを測定するための尺度（Love Attitude Scale）が作成され（Hendrick & Hendrick, 1986），性別による違いやパーソナリティとの関連などについて検討した研究がいくつも積み重ねられました。ヘブンら（Heaven, P. C. et al., 2004）は，6つの恋愛タイプの性差について検討を行っており，プラグマは男性よりも女性のほうが得点が高いこと，マニアとアガペは女性よりも男性のほうが得点が高いことを明らかにしています。また，

表7.4 6つの恋愛タイプの特徴 (Lee, 1974をもとに作成)

恋愛タイプ	特徴
エロス（美への愛）	恋愛至上主義，外見重視，ロマンティック。
ストルゲ（友愛的な愛）	穏やか，友情的な恋愛。
ルダス（遊びの愛）	ゲームとしての恋愛，楽しむことが優先。
マニア（熱狂的な愛）	独占欲の強さ，相手への嫉妬，執着。
アガペ（愛他的な愛）	自己犠牲の愛，見返りを求めない。
プラグマ（実利的な愛）	地位の上昇や経済力の確保などの手段としての恋愛。

ホワイトら（White, J. K. et al., 2004）は，6つの恋愛タイプと5因子モデルとの関連を検討し，マニアが神経症傾向と正の相関があること，ルダスが神経症傾向と正の，調和性，誠実性と負の相関があることなどを明らかにしています。なお，この尺度は，日本語版の尺度（松井ら，1990）も作成されており，日本においても非常になじみ深いものとなっています。

7.2.2 恋愛関係とパーソナリティ

次に，恋愛関係とパーソナリティとの関連についてみていきます。これまでの研究では，恋愛関係に関連するパーソナリティとして抑うつ（Joiner et al., 1992），拒絶感受性（Downey & Feldman, 1996）などさまざまなものが取り上げられてきていますが，ここでは「愛着（アタッチメント）スタイル」について紹介します。愛着とは，人が特定の他者との間に築く緊密な情緒的結びつきのことであり（遠藤，2005），乳幼児期の親子関係などを研究したボウルビィ（Bowlby, J., 1977）が考えた概念です（5.2.2参照）。人は，親子関係などの愛着をもとにしたやりとりをしていく中で，内的作業モデル（Internal Working Model；IWM）という自分や他人に対する主観的な信念や期待（自己モデル，他者モデル）をもつようになり，それがその後の対人関係のあり方に影響を与

えると考えられています。つまり，乳幼児期の親子関係によって自分自身や他者に対する考え方の基礎がある程度でき上がるという考え方です。

そして，ハザンとシェイバー（Hazan, C., & Shaver, P. R., 1987）は，親子関係と恋愛関係の共通点に着目して，幼少期に形成された内的ワーキングモデルが，成人期の恋愛関係に影響を与えるという**成人の愛着（アダルトアタッチメント）理論**を提唱しました。成人期における自己モデルとは，自分が相手から受けれてもらえるという信念，期待であり，他者モデルとは，相手が自分のことを愛してくれるという信念，期待のことを表しています。なお，自己についてのネガティブな信念や期待のことを「**関係不安**」，他者についてのネガティブな信念や期待のことを「**親密性回避**」とよぶこともあります。バーソロミューとホロヴィッツ（Bartholomew, K., & Horowitz, L. M., 1991）は，この自己モデルと他者モデルの組合せによって4つの愛着スタイル（安定型，回避型，とらわれ型，恐れ型）に分類しており（図7.2），愛着スタイルが恋愛関係に及ぼす影響についていくつも研究が積み重ねられてきています。

たとえば，金政（2006）は，愛着スタイルが恋愛関係における排他性（自分と相手以外を排除する傾向）に及ぼす影響について検討を行っています。そこでは，恋愛相手が，自分以外の相手とさまざまな行動（個人的な悩みを打ち明ける，デートをするなど）をとった際に感じる感情（不快さ）が愛着スタイルによって異なるかどうかについて検証しています。その結果，関係不安が高い

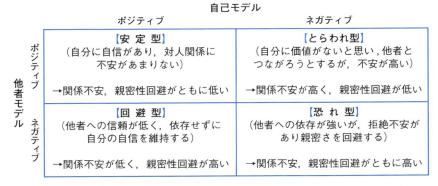

図7.2 **成人期の愛着スタイル**（Bartholomew & Horowitz, 1991をもとに作成）

ほど不快さが強く、親密性回避が低いほど不快さが低いことが明らかになっています。また、鈴木ら（2015）は、恋愛中のカップルを対象に愛着スタイルと恋愛関係における過剰適応行動（相手に気に入られるためなら、やりたくないことでも無理をしてやる、など）と不満感情との関連について検討を行っており、関係不安が高まると恋愛関係における過剰適応行動が促進されて、その結果、不満感情が高まることを明らかにしています。このように、愛着スタイルが恋愛関係において大きな影響を及ぼすことが分かります。

7.3 おわりに

　本章では、青年期において重要となる友人関係と恋愛関係について、パーソナリティとの関わりからみてきました。友人関係や恋愛関係は日常生活の中でありふれているものであり、その特徴や付き合い方については、あまり深く考えることがなかったかもしれません。本章で学んだ内容をもとに、自分自身にとってより良い友人関係や恋愛関係とはどのようなものなのかについて、一度考えてみるとよいのではないでしょうか。

コラム7.1　友人の数は多いほうが幸せか

　人は，日々さまざまな対人関係の中で生活をしていますが，中でも，高校生や大学生などに代表されるような青年期においては，他の年代に比べて友人関係が非常に重要な役割を果たしているといわれています（福岡と橋本，1997；遠矢，1996）。内閣府が実施している世界青年意識調査によると，日本の青年は「悩みや心配事を相談する相手」に近所や学校の友だちを挙げる割合が多く，学校に通うことの意義として「友だちとの友情を育むこと」を挙げる割合が多いそうです（内閣府，2004）。このような調査以外にも，さまざまな研究から友人関係が個人にとって大きな支えになることが示されています（Bagwell et al., 2005）。これらは，友人関係の質（親密な友人）が本人にとって有益であることを示しています。それでは，友人関係の量，つまり，友人が多いことも本人にとって有益なのでしょうか。

　内田ら（2012）は，人間関係スタイルと幸福感を検討する中で，付き合いの数と人生満足感について尋ねています。その結果，携帯電話に登録している連絡先の件数と人生満足感の間には正の相関がみられることを明らかにしています。そして，宮本（2012）は，友人ネットワークサイズ（友人数，親友数，携帯電話友人数など）と社会的自尊心（友人関係に対する自己評価）との関連を検討し，友人数や携帯電話友人数と社会的自尊心との間に正の相関がみられることを明らかにしています。これらは，友人の数が多いことは当人にとってプラスであることを示しているといえます。また，近年のSNS（ソーシャル・ネットワーキング・サービス）の台頭により，オンライン上での友人の数に焦点を当てた検討もなされるようになってきました。たとえば，Facebook上での友人数の多さが当人の主観的ウェルビーイング（Kim & Lee, 2011）や，社会的適応（Kalpidou et al., 2011）を促進させるといったものです。これらも友人の数が多いことは有益であることを示しています。

　しかし，友人の数は多ければ多いほど良いとは言い切れません。ダンバー（Dunbar, R., 2011）は，人が付き合える相手の数について研究を行っており，その数は平均して150人程度であることを明らかにしています。つまり，人が付き合える数には上限があるのかもしれません。また，「SNS疲れ」（加藤，2013）のように，SNS内でのコミュニケーションによる気疲れを起こす人も出てきています。友人が

多ければ多いほど，友人とのコミュニケーションに多くの時間と労力を費やす必要があります。しかし，時間は有限である以上，そこに多くの力を使えば使うほど，他に使うべき時間は削減されていきます。また，あまりにも多くの人と付き合っていると，周りから八方美人であるかのような評価を受けてしまうかもしれません。友人の数は多いほうが幸せかもしれませんが，あくまでも自分のできる範囲内で付き合っていくことが結果的に自分にとって良い結果をもたらすのではないでしょうか。

復習問題

1. 松井（1990）は，青年期の友人関係が社会化に果たす機能として，「安定化機能」「社会的スキルの学習機能」「（　　）機能」の3つの機能を挙げています。（　　）に入るものは何でしょうか。
2. 岡田（2005）は，友人関係への動機づけ尺度を作成しています。この尺度は動機づけに関する理論のうち，何という理論に基づいて作成されたものでしょうか。
3. 恋愛関係において重要なパーソナリティである，愛着スタイルには，「安定型」「とらわれ型」「回避型」「（　　）型」の4つがあります。（　　）に入るものは何でしょうか。

参考図書

小塩真司（2011）．性格を科学する心理学のはなし──血液型性格診断に別れを告げよう──　新曜社

　血液型診断など私たちにとってなじみのあるテーマを用いながら，パーソナリティに関する多様な知識を身につけることのできる入門書です。

ダンバー，R.　藤井留美（訳）（2011）．友達の数は何人？──ダンバー数とつながりの進化心理学──　インターシフト

　人類学の専門家が，対人関係を含むさまざまな心理学に関するトピックについて進化心理学の観点から解説をしています。

高野陽太郎（2008）．「集団主義」という錯覚──日本人論の思い違いとその由来──　新曜社

　一般的に，日本人は集団主義的で，アメリカ人は個人主義的であるといわれていますが，これが間違っていることを実証的研究から明らかにした読み応えのある一冊です。

第8章

対人関係：感情心理学の視点から

　感情というのは，周りの人々にたくさんの情報を伝えてくれる，私たちの日々のコミュニケーションにとって非常に重要なものです。また，感情を共有することそれ自体が私たちのコミュニケーションの目的の一つでもあるでしょう。そういった意味では，対人関係を考える上で，感情というのは欠かせない要素です。本章では，対人関係において，感情というものがどのような働きをしているのか，対人関係の中で私たちがどのように感情を表しているのか，対人関係の中で私たちがどのように感情を理解しているのか，そして，対人関係の中でどのようにすれば感情をうまく使っていけるのかについて学習し，考えていきたいと思います。

8.1 対人関係における感情

8.1.1 感情は有用なものなのか？

　私たちは，日々の生活の中でさまざまな感情を経験します。怒り，悲しみ，恐れ，軽蔑，恥ずかしさ，罪悪感，嫌悪，興味，喜び，驚きなど，数えたらきりがありません（感情の種類については10.1も参照のこと）。こうしたさまざまな「感情」というものは，私たちにとって，どのような意味があると考えられてきたのでしょうか。

　感情にどのような意味があるのかについては，大きく2つのとらえ方がなされてきました。一つのとらえ方として，感情には有益な意味はなく，人の理性的な行動を妨げるものだ，とみなす立場がありました（**感情有害説**）。たとえば，「怒りで心がいっぱいで，明日提出の課題があるのに手がつかない」というような感情は邪魔なものだという考え方です。もう一つのとらえ方として，感情は有益なものであり人の適切な行動を促進する，とみなす立場がありました（**感情有用説**）。たとえば，「罪悪感がわくからこそ悪いことをしたときに，

きちんと謝れるのだ」というような感情は役立つものだという考え方です。近年では、後者の立場が強調されるようになってきており、感情には適応的な機能があると考える研究者が多くなってきています（Keltner & Gross, 1999）。

8.1.2 感情の機能とは？

それでは感情にはどのような適応的な機能があるのでしょうか。一つは個人「内」の機能、そしてもう一つは個人「間」の機能です（遠藤、2013）。

個人「内」の機能とは、ある感情を感じたときに、自分が動機づけられたり、自分の身体の状態が整えられたりする機能です。たとえば、怒りという感情を感じたときは、怒りを感じることで、相手を攻撃するぞ、と動機づけられたり、心臓がドキドキしたり、呼吸が荒くなったり、アドレナリンが出て攻撃をするための身体の準備が整えられたりします。このように、感情はある特定の行動のために、個人の中での変化を引き起こします。この個人内の機能は自己システム内におけるシグナル機能としてとらえられることもあります。すなわち、感情は自分に対するシグナル（信号）として働く、ということです。

個人「間」の機能とは、ある感情を感じたときに、それが他の人とのコミュニケーションを生み出すという機能です。たとえば、誰かと一緒にいるときに、喜びという感情を示したときは、あなたと一緒にいることが楽しいですよ、というメッセージが相手に伝わるでしょう。あるいは、誰かと一緒にいるときに、悲しいという感情を示したときには、あなたになぐさめてほしいです、というメッセージが相手に伝わるでしょう。これらの例のように、感情は相手とのコミュニケーションを生み出し、自分が何を感じているかのみならず、自分の態度や価値観までも伝えることがあります。この個人間の機能は対人システム内におけるシグナル機能としてとらえられることもあります。すなわち、感情は他者に対するシグナル（信号）として働く、ということです。

マラテスタとウィルソン（Malatesta, C. Z., & Wilson, A., 1988）は、感情をシグナルとしてとらえ、さまざまな感情のシグナル特性を、自己システム内におけるシグナル機能と対人システム内におけるシグナル機能の2つに分けて、表8.1のように分類しています。これらのように、それぞれの感情には、それ

表8.1 **感情のシグナル的特性と適応機能**（Malatesta & Wilson, 1988; 遠藤, 1996をもとに作成）

感情	自己システム内における機能	対人システム内における機能
怒り（anger）	目標達成の妨げになっている障壁の除去。	今まさに攻撃するかもしれないという警告。
悲しみ（sadness）	低レベルでは，共感の促進。高レベルでは，活動の抑止（それ以上の外傷経験が降りかかるのを阻止する）。	他者からの養護・共感・援助の引き出し。
恐れ（fear）	脅威の同定，逃走あるいは闘争の促進。	服従のシグナル，攻撃されるのを回避。
軽蔑（contempt）	社会的地位・支配・優越感の確立・維持。	他者に対する支配・優越のシグナル。
恥/気恥ずかしさ（shame/shyness）	それ以上のプライバシー侵害から自己を守る行動の促進。	プライバシー保護欲求のシグナル。
罪悪感（guilt）	償い行為の促進。	攻撃される確率を減らす服従的姿勢の生成。
嫌悪（disgust）	不快・有害物質，不快・有害人物の排除。	受容する意図がないことのシグナル。
興味/興奮（interest/excitement）	情報取り込みのための感覚システムの作動。	受容する意図があることのシグナル。
喜び（joy）	現在の活動を継続せよという自分へのシグナル。	良好な内的情感の伝染による社会的絆の促進。
驚き（surprise）	生体を新しい経験に対して準備させる機能。	生体の素朴さ（無知・未経験）を示し，攻撃から生体を防御する働き。

ぞれ個人内の機能（自己に対する機能）と個人間の機能（他者に対する機能）が備わっていると考えられています。

8.1.3 感情のコミュニケーション機能

上述したように，感情は個人内の機能だけでなく，個人間の機能をももつものです。これまで感情に関する多くの研究は，個人内の機能を扱ってきましたが，近年では，個人間の機能に注目が集まっています。ケルトナーとハイド（Keltner, D., & Haidt, J., 2001）は，感情の個人間における機能をさらに3つに分けて論じています。

1つ目は、感情が相手に相補的な感情を引き起こす、という機能です（**感情誘発機能**）。相補的というのは、お互いに補い合う、という意味です。たとえば、自分が悲しいという感情を示すことで、同情という感情を引き起こしたり、自分が怒りという感情を示すことで、罪悪感という感情を引き起こしたりするということです。この相補的な感情は、他の人とコミュニケーションをする際の重要な要素であると考えられています。

2つ目は、感情が自分の傾向や意図、精神的状態などの情報を相手に伝えるという機能です（**情報付与機能**）。たとえば、怒りという感情は、自分がどういうときに怒るのか、どのように考えていたから怒ったのか、今自分はそれについて不満だ、というようなことを伝えます。このように感情というのは、他の人に自分についてのさまざまな情報を伝えるものです。

3つ目は、感情が他の人の社会的な行動を誘発する、という機能です（**行為誘発機能**）。たとえば、痛いという感情や悲しいという感情は、時に相手の人の援助行動（手を貸す、慰めるなど）を引き起こします。喜びという感情は、時に相手の友好的な態度を引き起こします。あるいは、他の人に助けてもらった後、ありがたいという感謝の感情を示すと、他のときもその人は助けてあげようと思うでしょう。このように感情は他の人の社会的行動を誘発する強化子（報酬）として働くこともあるとされています（McCullough et al., 2001）。

これらの機能はいずれも他者とのコミュニケーションにおいて、重要な意味をもつため、**感情のコミュニケーション機能**ということもできるでしょう。感情は主観的なものではありますが、感情によって他の人に何かを伝える、あるいは他の人の感情や行動を引き起こすという意味で、感情は対人関係において重要な要素なのです。本章では、この感情のコミュニケーション機能に着目して、対人関係と感情の関連について詳しくみていきたいと思います。

8.2 対人関係における感情伝達

8.2.1 感情の経験と表出

私たちは、日常生活の中でさまざまな感情を経験しますが、それはどのよう

8.2 対人関係における感情伝達

な状況で経験されるのでしょうか。たとえば，平井（2013）の研究では，大学生に日常生活における感情経験を引き起こす出来事を尋ねています。その結果，ポジティブな感情は，他の人と一緒にいるときや会話するときに経験されやすいことを，またネガティブな感情は，他の人と喧嘩をしたときや，他の人から怒られたとき，または他の人の嫌な態度を見たときなどに経験されやすいことを報告しています。この研究結果から，私たちは対人関係の中でさまざまな感情を経験しやすいといえるでしょう。

しかしながら，感情のコミュニケーション機能を発揮するためには，感情を経験するだけではなく，感情を表出しなければいけません。心理学では，**感情経験**と**感情表出**は区別してとらえられています。感情経験とは，感情が生じた際の主観的な経験のことをいいます。すなわち，自分の中でどう感じているか，といったことです。一方，感情表出とは，感情経験を他の人へ伝達することをいいます。すなわち，自分がどう感じているかを他の人に伝えることです。私たちは，感じたことをそのまま表出するとは限りません。感じていることと，感じていることを伝えることとの間には，ギャップがあるのです（コラム8.1参照）。

木村（2007）は，エクマンとフリーセンの研究（Ekman, P., & Friesen, W. V., 1969, 1975）をもとに，感情を経験した際に私たちがどのように感情を表出するかについてのパターンをまとめています。それは，①感情を抑制せずありのままに表出する，②真の感情よりも強度を強めて感情を表出する，③真の感情よりも強度を弱めて感情を表出する，④何も表出しない，⑤感情を表出するが，別の感情も同時に表出することでそれを和らげる，⑥実際に感じている感情とは別の感情を表出する，の6つのパターンです。①では，感情経験と感情表出は一致しているので，相手にもきちんとしたメッセージ（情報）が伝わります。②では，感情の質は一致しているものの，感情の強度は強まっているために，メッセージ（情報）が誇張されて伝わります。こうした表出の仕方は，**表出誇張**といわれます。③では，感情の質は一致しているものの，感情の強度は弱まっているために，メッセージ（情報）がひかえめに伝わります。こうした表出の仕方は，**表出抑制**といわれます。あるいは，広い意味で**感情抑制**とい

> **コラム8.1　表示規則**
>
> 　私たちは，感じていることを表情などを通じてそのまま表出するわけではありません。実際には，私たちは感じていることを表出するときに，大げさに表現したり，控えめに表現したりと，表出を調整しています。感情表出を調整する理由はいくつかありますが，その一つに社会的な規範があります。社会的規範とは，たとえば，男性は人前では涙をみせないとか，女性は怒りの感情をみせてはいけないなどの文化や社会によって規定されるルールのことです。こういった感情表出に関する社会的な規範は，表示規則（display rule）とよばれています（Ekman, 1972）。表示規則は，自分の所属する環境での学習経験を通して獲得される感情表出に関するルールのことで，人はこのルールに従って自らの感情の表し方を調節しているとされています。
>
> 　表示規則は，上述したように自分の所属する環境での学習経験によって獲得されるため，文化が異なれば表示規則が異なります（文化的表示規則）。エクマンとフリーセンの研究（Ekman & Friesen, 1975）では，日本人とアメリカ人の表示規則の違いについて検討した研究を紹介しています。この実験では，ストレスを生じさせるような映像を日本人とアメリカ人の実験参加者に見てもらいました。映像を見てもらうときに，1人だけで見てもらう条件と同じ文化圏に属する2人（日本人と日本人／アメリカ人とアメリカ人）で見てもらう条件の2つの条件で，日米の表示規則の違いを検討しました。その結果，1人で見ているときには日本人もアメリカ人も同様のネガティブな感情を表出しましたが，2人で見ているときには，アメリカ人と比べて日本人はネガティブな感情を表出しませんでした。この結果から，エクマンらは，日本文化では対人関係において，ネガティブな感情を抑制する傾向があると考えています。

われることもあります。④では，何も感情を表出しないので，メッセージ（情報）は相手に伝わりません。これは感情抑制が強く働いている状態だと考えることができます。⑤や⑥では，感情経験と感情表出は一致しておらず，本来のものとは異なった，あるいは誤ったメッセージを伝えることになります。こうした表出の仕方は，感情隠蔽や感情偽装といわれます。

　怒り，悲しみ，喜びの感情における表出誇張や表出抑制の経験例として，野

8.2 対人関係における感情伝達

表8.2 各感情・調整方略別の調整経験例（野口, 2012をもとに一部改変）

感情	調整方略	経験例
怒り	表出誇張	親に何回も同じことをしつこく言われたりしたときに，親に対して，腹が立っていることをよく分かってほしかったために感情を大きく表した。
	表出抑制	友だちと話していたときに，友だちのなにげない一言にカチンときたが，気まずい空気になりたくないので表情に表さなかった。
悲しみ	表出誇張	友だちが，恋愛で相手の行動が分からず悲しんでいたが，私自身はよく分からなかった。しかし，友だちはこの気持ちを分かってほしかったと思うので，悲しそうなフリをした。
	表出抑制	仲の良い友だちが転校するときに，悲しかったが，恥ずかしかったため，笑顔で見送った。
喜び	表出誇張	友だちにプレゼントをもらったとき，せっかく好意でくれているのに喜ばないと悪い気がしたから，喜びを大きく表した。
	表出抑制	受験のとき，合格発表を友だちと見に行き，自分だけ受かっていた。自分が喜んでいる表情を見せると友だちが傷つくと思い，気を遣って表情に表さなかった。

口（2012）は，大学生に調査を行った結果，表8.2のような記述例を紹介しています。また，感情隠蔽や感情偽装が生じる場面の例として，柴田（2012）は，友だちからもらった誕生日のプレゼントがすでにもっているものだった，という例を紹介しています。他にも工藤とマツモト（1996）は，日本人に特徴的なものとして，対人場面で否定的な感情を隠す「隠蔽の微笑み」を紹介しています。

8.2.2 感情を調整するということ

　上述した，感情経験を，いつ，どのように表出するのかを調整しようとするプロセスは**感情調整**として研究されています。なお，感情調整はemotion regulationの訳語ですが，**感情制御**，**情動制御**などと訳されることもあります（3.3，6.2.6参照）。それではなぜ，私たちは感情調整を行うのでしょうか。それは，感情を調整することが他の人との円滑な対人関係に必要不可欠のものであるからです。友だちからもらった誕生日のプレゼントが自分がすでにもっているものだったというときに，がっかりしたという落胆の感情をそのまま表現

したら，友だちは気を悪くして，その後の関係が悪くなるかもしれません。職場でお客さんに対して怒りを感じたときに，怒りをそのまま相手にぶつけてしまっては，問題になることでしょう。感情を調整することは，私たちの生活にとって重要であり，だからこそ，私たちは日常的に感情調整を絶えず行っているのです。

適切な感情の表出は，対人関係に良い結果をもたらすことが知られています（Riggio & Friedman, 1986）。たとえば，先に紹介した野口（2012）では，喜び感情を表出誇張することがその後の対人関係を良好にすることが示されています。しかし，感情調整を行うことが常に良い対人関係をもたらすわけではありません。実際，一般的にも，人はネガティブな感情を抑制することを否定的にとらえていることが明らかにされています。しかしながら，同時に，多くの人がこれまでにネガティブな感情の抑制を経験したことがあることも報告されています（結城，2007）。

心理学の研究の中でも，ネガティブな感情を表出しないようにすること（感情抑制）は，対人関係に悪い結果をもたらすことが多く示されてきました。たとえば，崔と新井（1998）は，大学生を対象に研究を行い，友だちとの関係が悪くなることを恐れて怒り感情をみせないように振る舞うことや，感情的になっている自分をみせないために悲しみの感情をみせないように振る舞うことが，結果として友だちとの関係の満足度を低めることを示しています。また，グロスとジョン（Gross, J. J., & John, O. P., 2003）も大学生を対象に研究を行い，感情を抑制することが親密な関係性を阻害し，他者からのサポートを受けにくくなること関連していることを示しています。これらは質問紙を用いた研究の結果です。

さらに，バトラーら（Butler, E. A. et al., 2003）は，大学生を対象に，感情を抑制することが対人関係において，どのような結果を生むのかについて，実験的研究を行いました。この実験では，初対面同士の女性2人のペアに実験室に来てもらいました。そして，お互いが見えない位置に座ってもらい，動揺するような映像（戦争のドキュメンタリー映像）を見てもらいました。映像を見終わった後で，ランダムに女性2人のペアをグループに振り分けました。一つの

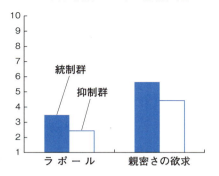

図8.1　感情抑制の対人的結果（Butler et al., 2003より作成）

グループ（統制群）には，映像を見終わった後，2人とも穏やかな音楽を聴いてもらいました。もう一つのグループ（抑制群）には，2人のうち，片方の人には統制群と同じように穏やかな音楽を聴いてもらいましたが，もう片方の人には「次の会話の間，あなたのパートナーに，あなたがどのような感情を感じているかを知られないように振る舞ってください」と指示しました。その上で，統制群と抑制群の両方とも，それぞれ2人のペアの間で，その映像について何を考えたか，あるいは何を感じたかについて議論をしてもらいました。そして，話し終わった後，会話の間相手の人をどのくらい信頼できると思うか（ラポール），相手の人とどのくらい仲良くなりたいか（親密さの欲求）について，評定を求めました。すなわち，動揺するような映像を見た後，普通にその映像について話してもらう統制群と，片方の人だけが感情を抑えながら話してもらう抑制群の2つに分け，その対人的な結果について検討を行いました。この実験の結果，感情を抑制することは，普通に感情を示したときよりも，相手からの信頼感を阻害し，また親密さの欲求も阻害することが明らかになりました（図8.1）。

　感情を調整することは，日常生活を送る上で重要なことではありますが，これらの研究が示すように，ネガティブな感情を表出しないことは，時に対人関係を阻害してしまうこともあるのです。

8.2.3 感情表出のチャンネル（経路）

さて，これまで感情調整についてみてきましたが，次に，感情表出のチャンネル（経路）について考えてみたいと思います。私たちは実際に，どのような方法で感情を他の人に伝えているのでしょうか。一つには，言葉による方法があります。たとえば「私は悲しいです」という言葉で，直接的に「悲しいと感じている」ということを相手に伝えます（直接的発話）。しかし，このように直接伝えることもあれば，「ずっと飼っていたペットがいなくなっちゃったの」といったような言葉を通して間接的に「悲しいと感じている」ということを相手に伝える方法もあるでしょう（間接的発話）。さらに，私たちは言葉で感情を伝えるだけでなく，さまざまな非言語的な方法も用いて感情を他の人に伝えています。

鈴木（2001）は，その方法として，表情や音声，そして姿勢や体の動き（しぐさ）を紹介しています。表情による感情表出は，感情状態の表示ともいわれ，感情表出の非常に重要な要素です。一般的にも感情と表情の結びつきは，理解しやすいのではないでしょうか。心理学における表情研究は，エクマン

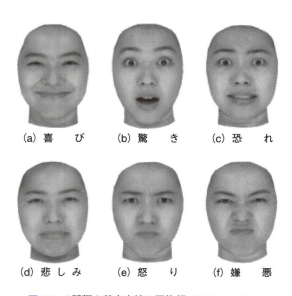

図8.2　6種類の基本表情の平均顔（渡邊ら，2007）

8.2 対人関係における感情伝達

とフリーセン（Ekman & Friesen, 1978）によって開発された表情分析の手法（FACS：Facial Action Coding System）により，どのような感情がどのような表情と結びついているかについて，多くの研究が行われています（図8.2）。

また，**音声**も感情表出の重要なチャンネルです。たとえば，怒ったり，喜んだりと興奮しているときは口調が早くなったりします。感情と音声の関連については，さまざまな音響学的特性（ピッチ，強度，音質，リズムなど）による検討がされています。たとえば，マレーとアーノット（Murray, I. R., & Arnott, J. L., 1993）によれば，大きな声で，少し早口で，高い声による発声は，怒りの特徴であり，小さい声で，ゆっくりめで，低い声は悲しみの特徴であるとされています。近年では，心理学分野のみならず，工学の分野でも感情と音声の関連が検討されています（たとえば，森山と茂，2011）。

姿勢や**体の動き**（**しぐさ**）を通じた感情表出は，演劇やダンスの中でよくみかけます。姿勢や体の動きは，それだけでさまざまな感情を表現します。たとえば，カールソン（Coulson, M., 2004）は，コンピュータで作ったさまざまな姿勢を大学生に評定させ，どのような感情を感じるかについて検討を行っています（図8.3）。カールソンの研究からも分かるように，私たちは気分の良いときには，顔を上げ，胸を張り，背筋を伸ばした状態になり，気分の悪いときには，うつむき加減になり背を丸めた姿勢をとります（鈴木，2004）。

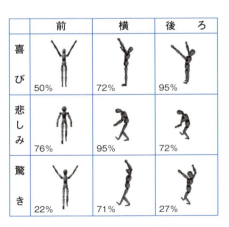

図8.3 **6種類の基本表情と姿勢の関連**（Coulson, 2004をもとに作成）

これらの研究が示すように，私たちは感情をさまざまなチャンネルで表出しています。しかし，感情表出の行動をとること自体が，私たちの感情の感じ方に影響を及ぼすことも知られています（コラム8.2参照）。

> **コラム8.2　顔面フィードバック仮説**
>
> 　私たちは，経験した感情をさまざまなチャンネルを通して表出しています。しかしその一方で，これまでの研究では，一定の感情表出行動をとることが，私たちの経験する感情に影響を与えることも示唆されています。それは，顔面（表情）フィードバック仮説（Facial Feedback Hypothesis）として研究されています。この仮説は，具体的には「楽しいから笑う」という因果の方向性だけでなく「笑うから楽しくなる」という逆方向の因果の方向性もあるのではないか，という考え方です。これはすなわち，ジェームズ＝ランゲ説の考え方といえるでしょう。
>
> 　ストラックら（Strack, F. et al., 1988）は，この顔面フィードバック仮説を実証するために，実験を行いました。この実験では，実験参加者に口でペンをくわえながら，漫画の面白さの評定をしてもらいました。ただし，半数の参加者にはペンを歯でくわえるように（Teeth条件），もう半数の参加者にはペンを唇でくわえるように（Lip条件）指示をしました。Teeth条件の参加者は，ペンを歯でくわえることで，結果的に笑っているような表情になります。Lip条件の参加者は，ペンを唇でくわえることで，結果的に口をすぼめるような表情になります。すなわち，顔面フィードバック仮説からは，Teeth条件のほうが，Lip条件と比べて，より笑っているような表情をするので，漫画を面白いと評定すると考えられます。実験の結果，予想通り，Teeth条件のほうが漫画を面白いと評定しました。すなわち，ペンを歯でくわえさせることで，笑っているような表情をつくらせると，面白いという感情を生起させることができたのです。他にもサスキンドら（Susskind, J. M. et al., 2008）は，実験参加者に恐怖や嫌悪の表情をさせた結果，それらの感情に対応した生理的反応が引き起こされることを示しています。
>
> 　これらの研究が示すように，私たちは経験した感情をさまざまなチャンネルを通して表出すると同時に，その表出行動それ自体によって，また感情を経験しているのです。

8.3 対人関係における感情理解

8.3.1 相手の感情を推測する手がかり

　ここまで，感情の表出，すなわち，感情というシグナルをどのように発信しているかについて，概説してきました。しかし，最初に述べたように，感情はコミュニケーション機能をもっており，シグナルを発信するだけでなく，相手のシグナルを受けとることも対人関係の中では重要になります。そこで，以下では，他の人の感情理解について概説していきます。

　前節では，感情表出のチャンネル（経路）について説明しましたが，当然，私たちはそれらを手がかりに相手の感情を推測しています。プラナプら（Planalp, S., 1996）は，私たちが日常，どのような手がかりによって他者の感情を推測しているかについての研究を行っています。プラナプらは，研究協力者に一緒に住んでいる人を観察してもらい，一緒に住んでいる人が何かの感情を感じていることに気づいたら，その人がどのような方法で感情を伝えたかを速やかに記述してもらいました。また，同時にどの手がかりが一番重要であったかを答えてもらいました。その結果，前節で紹介した言語的表現（直接的発話・間接的発話）や表情，音声，姿勢・体の動き（しぐさ）はもちろんのこと，生理的反応や行動，普段の性格や文脈などさまざまな手がかりを利用していることが示されました。生理的反応というのは，顔が赤くなるとか，汗をかくとかいった様子のことです。行動というのは，体の動きや姿勢よりも大きな動き（お酒をたくさん飲む，お風呂に入る，走りに行くなど）のことです。普段の性格というのは，いつもだったらこういう行動をするのにしていない，というような普段の行動とのズレのことです。文脈というのは，こういう状況なら，きっとこういう感情を感じているだろう，という状況のことです。さらに，研究協力者の人たちは，音声，表情，間接的発話，体の動きや姿勢，生理的反応，行動，普段の性格，直接的発話，文脈の順で，それらを重要な手がかりとして利用していることが明らかになりました（図8.4）。この研究が示すように，私たちは，日々，相手が示すさまざまな手がかりを通じて，相手の感情を推測し，相手からのシグナルを受けとっているのです。

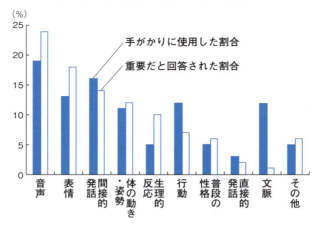

図8.4 **他者の感情を推測する手がかりの割合**（Planalp, 1996をもとに作成）

8.3.2 他者の感情の理解

　しかしながら，相手から感情を理解するための手がかりを受けとるだけでは，感情のコミュニケーション機能は成立しません。手がかりを受けとった後，その手がかりに含まれる相手からの情報を受けとり，相手の感情に誘発された感情が生起し，それによって行動が誘発されて，感情のコミュニケーション機能は成り立ちます。この一連のプロセスは，共感（empathy）という用語で研究されています。

　共感というのは，たとえば，相手が大変そうにしているのを見て，助けてあげたくなる，というような現象のことです。心理学研究における共感という用語は，日常で使う共感という用語よりも，厳密な意味で使われています。バロン＝コーエンら（Baron-Cohen, S. et al., 2001）は，共感を，「他の誰かが何かを感じ，何を考えているかを知り，さらにそれに反応して適切な感情をもよおす傾向」と定義しています。それでは，私たちはどのようにして，他の誰かが何を感じているのか，何を考えているのかを知り，それに対して反応していくのでしょうか。

　この一連のプロセスを説明するために，デイビス（Davis, M. H., 1994）は，共感の組織化モデルを提唱しました（図8.5）。このモデルでは，大きく「先行

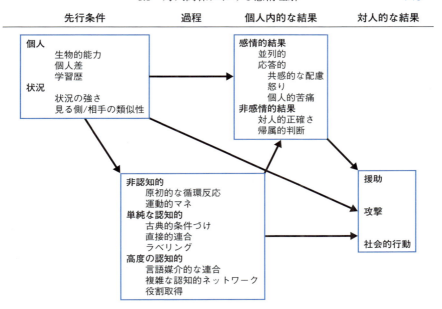

図8.5 **共感の組織化モデル**（Davis, 1994をもとに作成）

条件」「過程」「個人内的な結果」「対人的な結果」の4つの段階に分けてそのプロセスを説明しています。左から順に説明すると，まずは，感情を受けとる側，感情を送る側，そのときの状況などといった「先行条件」です。そして，共感的な結果を生みだす特定のメカニズムである「過程」です。さらに，感情を受けとる側の内側で生じる認知的あるいは感情的反応である「個人内的な結果」です。最後に，相手に向けられる行動的反応としての「対人的な結果」となります。

この一連のプロセスを具体的な場面で考えてみましょう。たとえば，悲しそうな人を見たときに，感情を受けとる側の感受性が低ければ，「悲しい」というシグナルは受けとれないかもしれません。あるいは，急いでいるときに全然知らない人が「悲しい」というシグナルを発していても受けとれないかもしれません。このような感情を受けとる側の能力やそのときの状況，相手との類似性が先行条件になります。次に，悲しそうな人を見たときに，その人の立場になって考えてみる，あるいは自分がその人の立場におかれたらどうかと考えて

みる（**役割取得／視点取得**）といった相手を理解するためのメカニズムです。そしてその結果，自分にも悲しい気持ちがわきあがってきたり（**並行的結果**），それに対して慰めたりしたいと思う（**応答的結果**）が個人内的な結果に相当します。そして最後に，その気持ちが動機づけとなって，実際に慰める（**援助行動**）ことが対人的な結果です。このような一連のプロセスを介して，私たちは他の人の感情を理解しています。

8.3.3 他者感情を理解するということ

　共感を行う傾向が高い人のことを共感性が高い，と表現します。そして，共感性の高さは，良好な対人関係につながると考えられてきました。すなわち，相手のシグナルをしっかりと受け止めることが，対人関係において重要であると考えられているのです。日常生活で私たちも相手が自分の気持ちを共有してくれたり，理解してくれたりする人を好ましく思うのではないでしょうか。実際に，ソーネンスら（Soenens, B. et al., 2007）は，大学生を対象に調査研究を行い，共感性のうち視点取得の傾向が高いことが，良好な友人関係の質につながることを示しています。同様に，スミスとローズ（Smith, R. L., & Rose, A. J., 2011）においても，共感性のうち視点取得の傾向が高いことが，友人関係の質を高めることが示されています。

　他にもチョウら（Chow, C. M. et al., 2013）は，中学生から高校生を対象にペアを対象にした調査研究を行っています。この研究では，共感性が，自分の気持ちを伝えたり，困っている友だちをサポートしたりする能力（親密になるための能力）を媒介して，自分自身の感じている友人関係の質はもちろん，ペアになった相手の感じている友人関係の質をも高めることを明らかにしています（図8.6）。

　これらの研究が示すように，相手の感情を理解することは，対人関係に良い影響をもたらすことが明らかにされてきました。自分から感情というシグナルを送るだけでなく，相手からの感情というシグナルをしっかりと受け止めることが対人関係においては重要なのです。

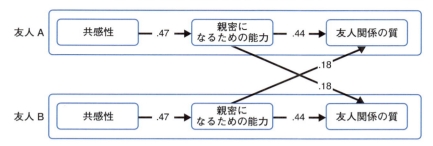

図8.6 共感性が親密になるための能力を媒介して友人関係の質に与える影響
（Chow et al., 2013をもとに作成）
図中の数字は標準化係数。

8.4 対人関係で感情をうまく使うために

8.4.1 対人関係における感情の相互作用

　これまでみてきたように，私たちが日々感じている感情を表現し（感情表出），相手の感じている感情を受け止めること（感情理解）は，他の人と良好な関係を築き，維持するために非常に重要な要素です。本章の最初に述べた，感情を通じて相手に情報を送り（情報付与機能），相手の感情を受けとることで，自身に感情が生起し（感情誘発機能），それによってさらに，相手に関わるための行動が生起する（行為誘発機能）という感情のコミュニケーション機

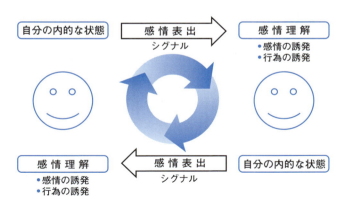

図8.7 対人関係における感情の相互作用

能は，感情表出と感情理解によって成り立っているのです。そして，このサイクルを円滑に回すことが，良好な対人関係につながっていきます（図8.7）。

8.4.2 感情コンピテンス

上述したサイクルを円滑に回す力，すなわち，自分と他の人の感情を適切に同定・理解した上で，感情を表現し，調整し，利用する能力は，**感情知性**（Emotional Intelligence；EI；6.3.1参照）（あるいは**感情知能**，**情動知能**）といいます（Salovey & Mayer, 1990）。近年では，この能力は教えられたり，学習したりできることから，スキル的な側面を強調して**感情コンピテンス**（emotional competence）（あるいは**情動コンピテンス**）ともよばれています（野崎，2015）。野崎と子安（2015）は，感情コンピテンスの構成要素として，自分が感じている感情を理解することができ（自己の感情の同定），なぜ自分がある感情を抱いているのか理解でき（自己の感情の理解），自分の気持ちを上手に表現でき（自己の感情の表現），自分の気持ちをうまくコントロールでき（自己の感情の調整），そして，自分の感じている感情からの情報をうまく拾い上げる（自己の感情の利用）という自己領域に関するコンピテンスを挙げています。さらに，他の人の感情を理解することができ（他者の感情の同定），なぜ他の人がある感情を抱いているのかを理解でき（他者の感情の理解），他の人が感情を自分に打ち明けてくれ（他者の感情の表現），他の人の感情を落ち着かせることができ（他者の感情の調整），他の人の感情を利用して，自分の思う通りにできる（他者の感情の利用）という他者領域に関するコンピテンスを挙げています。

感情コンピテンスは，もちろん，さまざまな良好な対人的関係につながることが示されていますが（Schutte et al., 2001），とくに重要なのは鍛えることのできる力だということです。感情コンピテンスは，上記の力を鍛えるためのトレーニング（ロールプレイやグループディスカッション，2人でペアになって行うワーク）を受けることによって，鍛えられ，伸びることが明らかにされています（Kotsou et al., 2011；Nelis et al., 2011）。たとえば，ネリスら（Nelis, D. et al., 2011）の研究では，合計18時間のトレーニングを行った結果，感情コン

8.4 対人関係で感情をうまく使うために

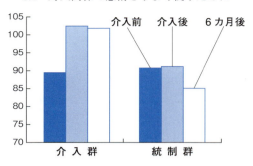

図8.8　感情コンピテンスのトレーニングの効果
(Nelis et al., 2011をもとに作成)

ピテンスが向上し，それが少なくとも6カ月後まで維持されていることが示されています（図8.8）。

　感情コンピテンスは，対人関係はもちろん，高い人生満足度や自尊心といった心理的適応や良好な健康状態といった身体的適応にもつながることが示されています。つまり，対人関係における感情のやりとり（感情のコミュニケーション）が円滑に行われることは，私たちにさまざまな良い効能をもたらしてくれるのです。

復習問題

1. ケルトナーとハイド（Keltner & Haidt, 2001）は，感情の個人間機能を3つに分けて論じています。その3つの機能を挙げてください。
2. 私たちは，感じている感情をそのまま表出するわけではありません。自己の経験している真の感情よりも強度を弱めて感情を表出することを，何というか，用語を答えてください。
3. バロン＝コーエン（Baron-Cohen, S.）の定義における共感とは何か，答えてください。
4. 自分と他の人の感情を適切に同定・理解した上で，感情を表現し，調整し，利用する能力を何というか，用語を答えてください。

参考図書

遠藤利彦（2013）．「情の理」論──情動の合理性をめぐる心理学的考究── 東京大学出版会

　感情の機能や性質を生物学的・社会的・発達的視点から幅広く概観し，感情について深く考察した一冊。多くの研究が紹介されています。

エクマン，P.・フリーセン，W. V.　工藤　力（編訳）（1987）．表情分析入門──表情に隠された意味をさぐる── 誠信書房

　感情表出の中でもとくに，表情表出に関する研究をまとめた一冊。表情を理解するためのシステムの仕組みの理解から，表情理解のトレーニングにも役立ちます。

デイヴィス，M. H.　菊池章夫（訳）（1999）．共感の社会心理学──人間関係の基礎── 川島書店

　他者感情理解の一つである共感の研究について，デイビスの組織的モデルを中心に解説しています。

ゴールマン，D.　土屋京子（訳）（1998）．EQ──こころの知能指数── 講談社

　感情知能について，一般向けに分かりやすく書かれた一冊です。

第 9 章

適応・健康：パーソナリティ心理学の視点から

「病は気から」という言葉があります。気のもちようによって，病気を悪化させてしまったり，逆に病気の悪化を防いだりすることができるという意味です。気のもちようは，人によって異なります。とくに何もなくても落ち込みやすい人がいる一方で，困難な出来事を経験しても朗らかで前向きな人もいます。前者は病気を悪化させ，後者は病気を予防するかもしれません。それでは，病気につながる特定のパーソナリティはあるのでしょうか。この章では，適応や健康にそれぞれ良い影響や悪い影響を与える要因について，パーソナリティ心理学の視点から考えてみます。

9.1 ネガティブなパーソナリティ

この節では，私たちの適応や健康に悪影響を及ぼす可能性がある，ネガティブなパーソナリティ特性について概観します。大きく分けて4種類の，主に身体疾患につながりやすいパーソナリティ特性を紹介します。

9.1.1 タイプAパーソナリティと敵意

タイプAパーソナリティ（Type A personality）は，フリードマンとローゼンマン（Friedman, M., & Rosenman, R. H., 1959）が冠状動脈性心臓疾患（Coronary Heart Disease：CHD）の患者に特有の行動傾向や心理特性を見出し，提唱した概念です。ここでいうCHDとは，特定の病気のことを指しているわけではなく，心臓に血液を送り栄養や酸素を供給する冠状動脈の疾患から発症する病気の総称です。たとえば，心筋に必要量の酸素が供給できず胸が痛む場合を狭心症といい，冠状動脈が詰まってしまい心筋の一部の組織が壊死する場合を心筋梗塞といいます。CHDは，高血圧，高コレステロール，喫煙，肥満などが引き金となり発症すると考えられていますが，タイプAパーソナリティ

も危険因子の一つとみなされています。

　タイプAパーソナリティは，①他者に対し過度な競争心をもっている，②承認・昇進・達成などに対する持続的な欲求をもっている，③強い時間的切迫感を感じている，④大きな声，早口で断定的・精力的な話し方をする，⑤強い敵意や攻撃性をもっている，といったような特徴があります（図9.1）。一方，これらのような特徴をもたないパーソナリティを，タイプAパーソナリティと区別するために，タイプBパーソナリティとよんでいます。ローゼンマンら（Rosenman, R. H. et al., 1975）は，企業で働く健康な白人男性従業員を対象とした8年半にわたる追跡調査を行い，タイプBパーソナリティの者に比べてタイプAパーソナリティの者のほうが，他の危険因子の影響を一定にしても約2倍CHDに罹患しやすいことを見出しました。このことは，特定のパーソナリティが特定の病気につながりやすいことを示唆しています。

　その一方で，タイプAパーソナリティとCHDの関連性については結果が一貫していないこともマーテック（Myrtek, M., 2001）によって示されてお

図9.1　タイプAパーソナリティの諸特徴

9.1 ネガティブなパーソナリティ

り，タイプAパーソナリティをもつ者が必ずしもCHDに罹患するわけではない可能性も考えられます。そこで，幅広い概念であるタイプAパーソナリティを包括的に扱うのではなく，その構成要素をピックアップして，CHDとの関連性についての検討を行った研究があります。たとえば，ウィリアムスら（Williams, R. B. Jr., et al., 1980）は，<u>敵意</u>が高いとCHDの一種である冠状動脈のアテローム性動脈硬化につながりやすいことを見出しました。このことから，タイプAパーソナリティ全体よりもその構成要素である敵意のほうが，よりCHDを予測しやすいといえるでしょう。

なお，ここまで紹介してきた研究は，いずれもアメリカを中心とした欧米社会において実施されたものです。それでは，我が国においてはどのようになっているのでしょうか。保坂ら（1989）は，欧米とは異なる日本型のタイプAパーソナリティとして，仕事に対する熱心な態度を見出しています。また，前田（1989）は，集団への帰属意識や仕事中心主義を，日本型タイプAパーソナリティの特徴としてとらえています。以上のことから，タイプAパーソナリティを考える際には文化の違いを考慮することが重要であることが示唆されます。

9.1.2　タイプCパーソナリティ

タイプCパーソナリティ（Type C personality）は，テモショック（Temoshok, L., 1987）が<u>がん</u>に罹患しやすい人たちに特有の行動傾向や心理特性を見出し提唱した概念です。がんは，遺伝的な要因に加えて，喫煙，飲酒，肥満，運動不足，感染症などの生活習慣に関する要因が引き金となり発症すると考えられています。しかし，がん発症の原因の3分の2は正常な幹細胞が分化するときに起きるランダムなDNAの変異という内的要因によって説明される「不運」によるものである，とトマゼッティら（Tomasetti, C. et al., 2015）が主張する一方，ウーら（Wu, S. et al., 2016）は内的要因で説明できる割合は10〜30％程度であり，環境などの外的要因のほうが強い影響を与える，と反論するなど，現時点でもがんの発症要因ははっきりしていないようです。そのような状況で，がんの危険因子の一つとして，タイプCパーソナリティが挙げられています。

タイプCパーソナリティは、①怒りを表出せず、過去および現在において怒りの感情に気づかないことが多い、②不安、恐れ、悲しみなど他のネガティブ感情も経験したり表出したりしない、③仕事や人付き合い、家族関係などにおいて、忍耐強く控えめ、協力的で譲歩をいとわず、権威に対し従順である、④他人の要求を満たそうと気を遣いすぎ、自分の要求は十分に満たそうとせず、極端に自己犠牲的になる、といったような特徴があります（図9.2）。これらのようなタイプCパーソナリティの特徴をもつ者はもたない者に比べて慢性的なストレスにさらされやすく、免疫機能が抑制されるために、がんに罹患しやすくなると考えられています。

なお、ここまで紹介してきた研究は、タイプAパーソナリティと同様にいずれもアメリカを中心とした欧米社会において実施されたものです。それでは、我が国においてはどのようになっているのでしょうか。石原ら（2005）は、タイプCパーソナリティと免疫細胞である**ナチュラルキラー細胞（NK細胞）**の活性の程度との関連性について、CHD患者と健常者とで比較しました。その結果、CHD患者のグループではタイプCパーソナリティの特徴が強くなるほどNK細胞の活性が低下するが、健常者のグループではそのような関連性はみられなかったことを報告しています。しかし、この研究ではタイプCパーソナリティが直接がんを発症させることが検証されたわけではありません。一方、イノウエら（Inoue, M. et al., 2012）によると、日本におけるがんの発症要因の割合はC型肝炎ウイルスやピロリ菌などの感染性の要因が欧米よりも高く、果

ネガティブ感情の未経験
および未表出

協力的，権威に対し従順

気の遣いすぎ

図9.2　タイプCパーソナリティの諸特徴

物や野菜不足，塩分摂取過多などの食事の要因が欧米よりも低いことがそれぞれ示されていると同時に，日本人のがんの半分以上は原因不明であることも示唆されています。日本におけるタイプCパーソナリティの研究はまだまだ少ないのが現状ですし，がんの発症要因も欧米と異なる可能性もあります。以上のことから，タイプCパーソナリティを考える際にはタイプAパーソナリティを考える場合と同じように，やはり文化の違いも考慮することが重要であるといえるでしょう。

9.1.3 タイプDパーソナリティ

タイプDパーソナリティ（Type D personality）は，これまでに述べてきたタイプAパーソナリティや敵意に替わって，CHDの発症要因としてデノレットら（Denollet, J. et al., 1996）が提唱した概念です。タイプDパーソナリティは，①怒り，不安，恐れ，悲しみなどのネガティブ感情を経験しやすい，②他者から拒絶されることを恐れるためにネガティブな感情を抑制しやすい，といったような特徴があります。

デノレットら（Denollet et al., 2008）は，CHD患者を対象とした追跡調査（平均すると約6.6年間）を実施し，タイプDパーソナリティがCHDの再発や死亡率にどの程度影響を与えているのか検討しました。その結果，性別，年齢，左室駆出率（血液を送り出す働きをする左心室の収縮率で，心臓機能を表す数値の一つ）の低下，運動耐容能（持久力のような，身体運動の負荷に耐えるための，呼吸や心臓血管系の能力に関する機能）の低下，3枝病変（3本ある冠状動脈すべてに病変がある状態）の有無，といったようなCHDの危険因子と考えられている医学的要因よりも，タイプDパーソナリティのほうがCHDの再発や死亡率により悪影響を与えることを見出しています。

タイプDパーソナリティに関する研究は，これまでに述べてきたタイプAパーソナリティ，敵意，タイプCパーソナリティなどに比べて相対的に多くはありません。また，我が国においてはほとんど行われておらず，今後の研究の発展が期待される領域であるといえるでしょう。

9.1.4 アレキシサイミアとアレキシソミア

　アレキシサイミア（alexithymia）は，シフネオス（Sifneos, P. E., 1973）が**心身症**の患者に特有の行動傾向や心理特性を見出し，提唱した概念です。ここでいう心身症とは，CHDなどと同様に特定の病気のことを指しているわけではなく，パーソナリティやストレスなどの心理社会的要因が発症や経過に影響を与えている身体疾患の総称です。たとえば，代表的な心身症の一つに胃潰瘍がありますが，その原因を探っていくと，仕事のストレスにさらされ続けたことが引き金となって気づいたら胃潰瘍になってしまっていた，というようなことが挙げられます。なお，胃潰瘍のほかにも，心身症には呼吸器系・循環器系・消化器系などさまざまなタイプの疾患があります（表9.1）。

　アレキシサイミアは，①想像力が乏しく，心の葛藤を言語化することができない，②感情を感じ，それを言葉で表現することが難しい，③外的な事実関係を述べるが，それに伴う内的な感情を表現できない，④対人関係が苦手で治療者との交流が難しい，といったような特徴があり，日本語では「**失感情症**」と訳されます（図9.3）。これらのようなアレキシサイミアの特徴をもつ者はもたない者に比べて感情の気づきや表現がうまくできないために，その代わりとして身体が反応した結果，心身症に罹患しやすくなると考えられています。

　アレキシサイミアと心身症の関連性について，アブラムソンら（Abramson,

表9.1　**主な心身症**（沼，2014）

呼 吸 器 系	気管支喘息，過換気症候群，喉頭けいれんなど。
循 環 器 系	本態性高血圧症，狭心症，心筋梗塞，一部の不整脈など。
消 化 器 系	胃・十二指腸潰瘍，慢性胃炎，心因性嘔吐，過敏性大腸症候群，胆道ジスキネジア，潰瘍性大腸炎，慢性膵炎など。
内分泌・代謝系	神経性食欲不振症，神経性過食症，甲状腺機能亢進症，単純性肥満症，糖尿病など。
神経・筋肉系	筋収縮性頭痛，片頭痛，慢性疼痛症候群，痙性斜頸，書痙など。
皮膚科領域	神経性皮膚炎，円形脱毛症，多汗症，蕁麻疹。
泌尿・生殖器系	夜尿症，神経性頻尿，心因性尿閉，心因性インポテンツなど。
産婦人科領域	更年期障害，婦人自律神経失調症，月経前緊張症候群など。
眼 科 領 域	原発性緑内障，眼精疲労など。
耳鼻咽喉科領域	メニエル病，動揺病，アレルギー性鼻炎咽喉頭部異常感症など。
歯科・口腔外科領域	顎関節症，義歯不適合症，補綴後神経症など。

図9.3 アレキシサイミアの諸特徴

L. et al., 1991）は，糖尿病患者と健常者を比較した結果，前者のほうが後者に比べてアレキシサイミアの傾向が示されたことを報告しました。また，フェルナンデスら（Fernandez, A. et al., 1989）は，慢性リウマチ患者と健常者を比較した結果，やはり前者のほうが後者に比べてアレキシサイミアの傾向が示されたことを報告しました。その一方で，宮岡ら（1995）は，消化性潰瘍および気管支喘息患者と健常者を比較した結果，アレキシサイミアの傾向に差がみられなかったことを報告しています。これらのように，アレキシサイミアと心身症の関連性は疾患によって結果が一貫していません。

ところで，アレキシサイミアに類似した概念として，アレキシソミア（alexisomia）があります。アレキシサイミアが感情に対する気づきの乏しさを表すのに対して，アレキシソミアは身体感覚に対する気づきの乏しさを表すものとして，池見（1977）が提唱した概念です。アレキシソミアは①身体感覚に気づくことができず，他者に伝えることが難しい，②身体感覚に従った適切な対処行動がとれない，③不健康で自己破壊的なライフスタイルをもつ，④自然の変化に対する感受性や自然に接する機会が乏しい，といったような特徴があり，日本語では「失体感症」と訳されます。松下ら（2011）によると，アレキシソミアと心身症の関連性についての研究は多くはなく，アレキシソミアの定義の曖昧さと測定尺度の不備が指摘されています。今後の研究の発展が期待される領域であるといえます。

9.2 ポジティブなパーソナリティ

前節では，ネガティブなパーソナリティ特性を取り上げました。それでは，逆に私たちの適応や健康に良い影響を与える可能性がある，ポジティブなパーソナリティ特性はあるのでしょうか。この節では，楽観性とレジリエンスという2つのパーソナリティ特性を取り上げます。

9.2.1 楽観性

楽観性（optimism）には，大きく分けて2つの定義があります。セリグマン（Seligman, M. E. P., 1991）は楽観性を，「ネガティブな出来事を経験した際に，その原因を外的，一時的，特異的に帰属させ，ポジティブな出来事を経験した際に，その原因を内的，安定的，全体的に帰属させる傾向」と定義しています。たとえば，中間テストの数学の成績が悪かった場合（ネガティブな出来事の経験），問題が難しかったからできなかった（外的帰属），たまたま今回の成績が悪かったにすぎない（一時的帰属），英語のテストでは良い成績がとれる（特異的帰属），逆に，成績が良かった場合（ポジティブな出来事の経験），自分が努力したからできた（内的帰属），期末テストでも良い成績がとれる（安定的帰属），英語のテストでも良い成績がとれる（全体的帰属），というように，楽観主義者は原因を帰属させます。一方，シャイアーとカーヴァー（Scheier, M. F., & Carver, C. S., 1994）は楽観性を，「物事がうまく進み，悪いことよりも良いことが生じるだろうという信念を一般的にもつ傾向」と定義しています。これら2つの楽観性の大きな違いは，想定された時間軸の違いで説明することが可能です。セリグマンの定義は過去についての楽観性を表しており，シャイアーとカーヴァーの定義は将来についての楽観性を表しています。前者は楽観的説明スタイル，後者は属性的楽観性と，それぞれよばれることもあります。

楽観性と適応との関連性について，シャイアーとカーヴァー（Scheier & Carver, 1985）は，大学生における楽観性が高い者と低い者を比較した結果，前者のほうが後者に比べて相対的に身体的症状の訴えが少ないことを報告しま

した。また、シャイアーら（Scheier et al., 1989）は、冠状動脈のバイパス手術を受けた患者のうち楽観性が高い者と低い者を比較した結果、前者のほうが後者に比べて手術後の経過が良好で、通常生活への復帰も早かったことを報告しました。なお、その他の指標との関連性についても、楽観性は身体的健康や精神的健康とおおむねポジティブな関連があることが示されています（橋本, 2015）。

9.2.2　レジリエンスと精神的回復力

　レジリエンス（resilience）は、マステンら（Masten, A. S. et al., 1990）が、「困難で脅威的な状況にもかかわらず、うまく適応する過程、能力、および結果」と定義した概念です。レジリエンスは、困難な状況に直面して一時的に不適応状態に陥ったとしても、そこから回復していく一連のプロセスを網羅している広い概念であり、特定のパーソナリティ特性を表しているものではありません。そこで、小塩ら（2002）は、レジリエンスに結びつきやすいパーソナリティ特性として、精神的回復力という概念を提唱しています。精神的回復力は①新たな事に興味や関心をもち、さまざまなことにチャレンジしていこうとする（新奇性追求）、②自分の感情をうまく制御することができる（感情調整）、③明るくポジティブな未来を予想し、その将来に向けて努力しようとする（肯定的な未来志向）、といったような特徴があります。

　精神的回復力と適応の関連性について、若崎ら（2007）は、肯定的な未来志向が成人期初発乳がん患者の手術後の適応の指標であるクオリティオブライフ（Quality Of Life；QOL）を上げることを報告しました。また、友野（2007a）においても、感情調整が対人場面で生じた曖昧さへの耐えられなさを表す「対人場面における曖昧さへの非寛容」（コラム9.1参照）を下げ、その結果不適応の指標であるストレス反応を下げる機能を有することなどが示されています（図9.4）。このように、精神的回復力は適応とポジティブな関連があるようです。

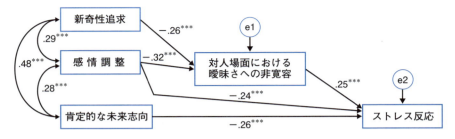

図9.4　精神的回復力と対人場面における曖昧さへの非寛容およびストレス反応の関連性
（友野，2007aを改変）
***p＜.001

9.3 パーソナリティの両面性と多次元性

　ここまで，ネガティブなパーソナリティが適応や健康に悪影響を及ぼすことと，逆にポジティブなパーソナリティが適応や健康に良い影響を及ぼすことを概観してきました。しかし，必ずしもそれらのような関連性がみられない場合もありました。なぜ，パーソナリティと適応の関連性は一様ではないのでしょうか。そこで，この節ではネガティブなパーソナリティに含まれているポジティブな側面と，ポジティブなパーソナリティに含まれているネガティブな側面について取り上げ，適応との関連性について考えてみます。そして，完全主義というパーソナリティ特性を題材として，パーソナリティの多次元性についても併せて考えてみたいと思います。

9.3.1　ネガティブなパーソナリティのポジティブな側面

　ネガティブなパーソナリティとしてとらえられているタイプAパーソナリティですが，その構成要素には承認・昇進・達成への欲求というものがありました。また，タイプCパーソナリティの構成要素には協力的というものもありました。これらのような特徴は，私たちが現代社会を生き抜いていくためには，ある程度は必要なものであると考えられます。仕事で成功を収めるためには，前者のようなものが必要なこともあるでしょうし，人間関係を円滑にさせ心豊かに暮らすためには，後者のようなものが必要なこともあるでしょう。こ

のことから，ネガティブなパーソナリティは，とらえ方によっては必ずしもネガティブな側面だけではないことがうかがえます。

9.3.2 ポジティブなパーソナリティのネガティブな側面

それでは，ポジティブなパーソナリティはどうでしょうか。ポジティブなパーソナリティとしてとらえられている楽観性ですが，時と場合によっては適応や健康に悪影響を与えてしまうこともあります。テイラーとブラウン（Taylor, S. E., & Brown, J. D., 1988）は，①非現実的にポジティブな自己概念，②コントロール幻想，③非現実的な楽観性，といったような特徴をもつ，**ポジティブイリュージョン**（positive illusion）という概念を提唱しています。この概念の3番目の特徴に挙げられている非現実的な楽観性は，他者に比べて自分のほうが将来良いことが起こると考えたり，悪いことが起こらないと考えたりする傾向です。この傾向が強い人はそうでない人に比べて，リスク行動をとりがちです。たとえば，タバコを吸ってもがんにならないだろうと考えてタバコを吸いすぎたり，スピードを出して運転しても事故を起こさないだろうと考えてスピードを出しすぎたりします。このことから，ポジティブなパーソナリティも，とらえ方によっては必ずしもポジティブな側面だけではないことがうかがえます。

9.3.3 完全主義

完全主義（perfectionism）は，自分の立てた目標や与えられた課題の達成などに対して，過度に完全性を求める傾向のことです。ヒューイットとフレット（Hewitt, P. L., & Flett, G. L., 1991）は，完全主義が1次元的なものではなく多次元的なものであると考えました。そして，完全性が向けられる方向の違いによって，①自分が自分自身に完全性を求める傾向（自己志向的完全主義），②自分が自分以外の他者に完全性を求める傾向（他者志向的完全主義），③自分が他者や社会から完全性を求められていると認知する傾向（社会規定的完全主義），の3種類に分類しました。また，その後ヒューイットら（Hewitt et al., 2003）は4つ目の次元として，自分の不完全性を他者にみせない傾向（完全主

義的自己呈示）を加えました。

一方，桜井と大谷（1997）は，上述の自己志向的完全主義についてさらに多次元性を仮定し，①完全でありたいという欲求（完全性欲求），②自分に高い目標を課す傾向（高目標設定），③ミス（失敗）を過度に気にする傾向（失敗過敏），④自分の行動に漠然とした疑いをもつ傾向（行動疑念），の4種類に分類しました。この4種類は，それぞれ自己志向的完全主義のポジティブな側面（高目標設定），ネガティブな側面（失敗過敏および行動疑念），そしてニュートラルな側面（完全性欲求），としてそれぞれとらえられています。

自己志向的完全主義と適応の関連性について，桜井と大谷は，高目標設定が不適応の指標である抑うつを下げること，および失敗過敏が反対に抑うつを上げることを報告しました。また，友野（2007b）においても，完全性欲求が失敗過敏および行動疑念を媒介して対人場面における曖昧さへの非寛容（コラム9.1参照）を上げ，その結果ストレス反応を上げる（図9.5の太い実線のパスを参照）一方で，完全性欲求が高目標設定を媒介して，また直接的にも適応の指標である自尊感情を上げる（図9.5の太い点線のパスを参照）機能を有することなどが示されています。このように，自己志向的完全主義は，その下位側面

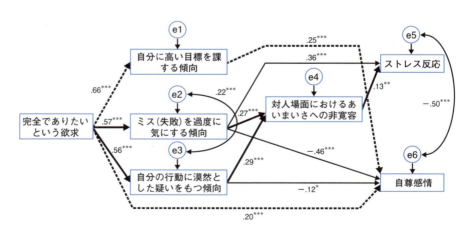

図9.5 **自己志向的完全主義が対人場面における曖昧さへの非寛容および精神的健康に与える影響**（友野，2007bを改変）
$*p<.05, **p<.01, ***p<.001$

によって適応とポジティブな関連がある場合とネガティブな関連がある場合とに分かれるようです。

9.4 まとめ

　ここまでみてきたように，パーソナリティには色々な特徴がありました。そして，それぞれネガティブな側面とポジティブな側面があり，また適応や健康に良い影響や悪い影響を与える場合と与えない場合とがありました。これらのことから，パーソナリティと適応・健康との関連性は実際にはそう単純ではなさそうです。それでは，適応や健康に影響を与える要因について考えてみるとき，パーソナリティ心理学の視点を加えることには意味がないのでしょうか。

　答えは，否です。パーソナリティのネガティブな側面やポジティブな側面を自分がそれぞれどの程度持ち合わせているのかに気づくことができれば，そのことが不適応につながるかもしれない行動の改善や，適応的な行動を行うようになるための一つのきっかけとなります。実際に病気にはつながらなくても，自分のパーソナリティのネガティブな側面を注意するに越したことはありませんし，ポジティブな側面を伸ばすことで豊かな人生を送ることができるようになる可能性が広がるでしょう。まさに，「汝自身を知れ」ですね。

コラム9.1 対人場面の曖昧さに耐えられない人は，精神的に不健康？

　私たちの日常生活には，はっきりしない，ぼんやりした，答えがすぐには出てこないような曖昧なことがありふれています。私たち人類が今後どのようになっていくのかという非常に壮大かつ長期的な話から，今夜のおかずはいったい何が出てくるのかという目先の些末な話まで，曖昧さは色々なところに存在しています。また，一般的に日本語は欧米の言語に比べて曖昧な言語だと考えられており，断定を避ける表現がとりわけ問題となっています。そもそも，曖昧さという言葉自体が，非常に曖昧であるといっても過言ではありません。

　曖昧さは，基本的にはニュートラルなものであると考えられます。しかし，曖昧さに耐えられない人にとって曖昧さは脅威となり得ますが，曖昧さに耐えられる人にとっては曖昧さは脅威とはなり得ないかもしれません。このように，曖昧さはとらえ方ひとつで，個人に対して脅威になったりならなかったりします。

　曖昧さが気になるのか気にならないのか，辛いのか辛くないのか，好きなのか嫌いなのか，など，曖昧さに対するとらえ方の個人差を表す概念に，**曖昧さ耐性**（ambiguity tolerance）というものがあります。また，この耐性が低いことを，**曖昧さへの非寛容**（intolerance of ambiguity）という表現を使うこともあります。この概念は，フレンケル=ブランズウィック（Frenkel-Brunswik, E., 1949）が一連の権威主義パーソナリティの研究において，面接で観察された権威主義者の特徴をパーソナリティ特性として提唱したものです。

　ところで，上述のように曖昧さは非常に多岐に渡っています。また，曖昧さへの非寛容を測定する尺度に色々な問題があったことや，友野と橋本の研究（2002）において曖昧さへの非寛容は対人場面と深い関連が示されたことなどから，友野と橋本（2005）は曖昧さへの非寛容を対人場面に限定した，「対人場面における曖昧さへの非寛容」を提唱し，"他者との相互作用において生じるあいまいな事態を恐れの源泉として知覚（解釈）する傾向"と定義しました。

　それでは，対人場面においてはどのような曖昧さが存在するのでしょうか。たとえば，一応顔と名前は知っているけれどもそれほどまでは親しくない知人は，その人との関係自体が曖昧であるといえるでしょう。そのような知人と町でばったり顔

コラム 9.1 対人場面の曖昧さに耐えられない人は，精神的に不健康？

を合わせたとき，どのような対応をすればよいか，迷うこともあるのではないでしょうか。対人場面の曖昧さに耐えられない人は，その知人と顔を合わせた際には即座に緊張し，不安が高まるかもしれませんし，無視してその場からすぐに立ち去ろうとするかもしれません。その一方で，対人場面の曖昧さに耐えられる人は，この知人と出くわしても当たり障りのないあいさつを交わし，可もなく不可もなく無難にやりすごすことができるかもしれません。両者を比較すると，対人場面の曖昧さに耐えられる人に比べて耐えられない人のほうが，精神的に不健康であることが推察されます。

対人場面における曖昧さへの非寛容と精神的不健康との関連性について検討した友野の研究（2010）では，対人場面において生じた曖昧さに耐えられない者が，普段対人関係のストレスフルな出来事を経験するような場面におかれた場合に，人間関係を積極的に放棄・崩壊させるような対処を行いやすく，ストレス反応が上がりやすいことが示されています。また，友野と橋本（2006）の研究では，対人場面における曖昧さの非寛容を下位尺度ごとに，精神的健康の指標をポジティブなものとネガティブなものとに分け，さらには男女に分けて両者の関連性を検討しました。その結果，友人関係において生じた曖昧さに耐えられない男性が，実際に経験した対人関係のストレスフルな出来事を嫌悪的なものだと評価するとストレス反応が増えることと，初対面の関係において生じた曖昧さに耐えられない女性が，ネガティブな対人関係のストレスフルな出来事を多く経験すると主観的な幸福感が減ることが，それぞれ示されています。これらのことから，対人場面の曖昧さに耐えられない人は，精神的に不健康であることが示唆されました。

以上のことから，対人場面の曖昧さに耐えられるようになることが，精神的に健康でいるための重要なポイントであると考えられます。ただし，対人場面における曖昧さへの非寛容と精神的不健康との関連性は複雑であるため，更なる研究が必要であるといえるでしょう。

復習問題

1. タイプAパーソナリティ，タイプCパーソナリティ，アレキシサイミアが，それぞれどのような特徴をもち，どのような疾患につながりやすいと考えられているのか説明してください。また，アレキシサイミアとアレキシソミアの違いについても説明してください。
2. 楽観性，精神的回復力が，それぞれどのような特徴をもつのか説明してください。また，どのような適応指標と関連があるのかそれぞれ説明してください。
3. ネガティブなパーソナリティのポジティブな側面と，ポジティブなパーソナリティのネガティブな側面を，それぞれ具体例を挙げて説明してください。また，自己志向的完全主義を多次元的にとらえた場合，4種類の下位次元がそれぞれどのような特徴をもつのか，ポジティブ・ネガティブ・ニュートラルという言葉を用いて説明してください。
4. 結局のところ，適応や健康に影響を与える要因としてパーソナリティを考えることに意味はあるのでしょうか，それともないのでしょうか。第9章で出てきた内容をふまえて説明してください。

参考図書

森 和代・石川利江・茂木俊彦（編）（2012）．よくわかる健康心理学 ミネルヴァ書房

「やわらかアカデミズム・〈わかる〉シリーズ」の，健康心理学バージョンです。1つのトピックにつき見開き2ページずつという構成となっており，パーソナリティ以外にも基礎から臨床まで健康心理学のさまざまなトピックが網羅されております。初級レベルという位置づけです。

岡市廣成・鈴木直人（監修）青山謙二郎・神山貴弥・武藤 崇・畑 敏道（編）（2014）．心理学概論［第2版］ ナカニシヤ出版

初学者でも，読むだけで内容が理解できるようにまとめられた一冊です。概論書ではありますが，パーソナリティおよび健康についてそれぞれ1章ずつ詳しく書かれており，心理学のその他の領域について書かれた章と読み比べながら理解することができます。中級レベルという位置づけです。

Vollrath, M. E. (Ed.) (2006). *Handbook of personality and health*. UK：Wiley.

本章で取り上げたようなテーマ（パーソナリティと健康の関連性）そのものズバリ

についてまとめられた一冊です。英語で書かれているため，読むのに骨が折れますが，この領域について詳しく理解したいときに役立ちます。英語ということで，上級レベルという位置づけです。

第10章

適応・健康：感情心理学の視点から

　感情は人間の適応・健康と密接に関連しています。本章では，感情と適応・健康との関連について述べた上で，感情の問題を増悪させる過程や要因について紹介します。具体的には，レスポンデント条件づけとオペラント条件づけ，反復性思考，心的イメージ，および衝動性を取り上げます。その上で，「そもそも適応・健康とは何か」という点についても考えてみたいと思います。

10.1 感情の分類

　感情と健康との関連を考える際，その感情が「快」か「不快」のどちらであるのかは重要な分類となります。直感的には快と不快は正反対の状態であると考えられますが，これらは独立した次元を形成することが示唆されています。ワトソンら（Watson, D. et al., 1988）が作成したPositive and Negative Affect Schedule（PANAS）では，ポジティブ感情とネガティブ感情は独立した因子として抽出され，因子間の相関が低いことが示されました（$-.23 \leq r \leq -.12$）。つまり，ポジティブ感情が喚起されていないときに，必ずしもネガティブ感情が喚起されているわけではない，ということです。表10.1にPANASの項目を示しました。

　感情はさらに細かく分類することが可能です（8.1参照）。たとえば，基本感情の種類として，エクマンら（Ekman, P. et al., 1982）は幸福，驚き，恐怖，怒り，悲しみ，嫌悪（軽蔑），興味を，オートレイとジョンソン=レアード（Oatley, K., & Johnson-Laird, P. N., 1987）は幸福，不安（恐怖），怒り，悲しみ，嫌悪を挙げています。基本感情の種類については未だはっきりとした結論が出ていませんが，提案されている種類は多くても10種類程度となっています。

表10.1 Positive and Negative Affect Scheduleの2因子の項目
（佐藤と安田，2001）

ポジティブ感情	ネガティブ感情
活気のある	びくびくした
誇らしい	おびえた
強気な	うろたえた
気合いの入った	心配した
きっぱりとした	苦悩した
わくわくした	ぴりぴりした
機敏な	恥じた
熱狂した	いらだった

10.2 精神疾患

DSM-5 精神疾患の診断・統計マニュアル（以下，DSM-5）(American Psychiatric Association, 2013 髙橋と大野監訳 2014）は精神疾患の診断基準として世界中で幅広く使用されています。DSM-5は22の疾患群から構成され，各疾患群には10〜20個程度の疾患が含められています（表10.2）。以下では疾患名について，DSM-5での表記にならいます。

感情と適応・健康の関連を考える際，精神疾患を取り上げることは重要です。その理由の1つ目は，精神疾患の診断基準の中には感情の問題が多く含まれている，ということです。たとえば，抑うつ障害群には悲しみや怒りが顕著に生じるという特徴があり，不安症群では，不安や恐怖が中核症状として挙げられています。

精神疾患を取り上げる2つ目の理由は，それが「疾患」（つまり不適応・不健康な状態）であると広く合意が得られているからです。DSM-5の中には以下の記述があります。「精神疾患とは，精神機能の基盤となる心理学的，生物学的，または発達過程の機能障害によってもたらされた，個人の認知，情動制御，または行動における臨床的に意味のある障害によって特徴づけられる症候群である。精神疾患は通常，社会的，職業的，または他の重要な活動における著しい苦痛または機能低下と関連する」（American Psychiatric Association, 2013 髙橋と大野監訳 2014, p.20)。この定義から，DSM-5では主観的な苦痛

10.2 精神疾患

表10.2 DSM-5で挙げられている疾患群

1. 神経発達症群／神経発達障害群
2. 統合失調症スペクトラム障害および他の精神病性障害群
3. 双極性障害および関連障害群
4. 抑うつ障害群
5. 不安症群／不安障害群
6. 強迫症および関連症群／強迫性障害および関連障害群
7. 心的外傷およびストレス因関連障害群
8. 解離症群／解離性障害群
9. 身体症状症および関連症群
10. 食行動障害および摂食障害群
11. 排泄症群
12. 睡眠−覚醒障害群
13. 性機能不全群
14. 性別違和
15. 秩序破壊的・衝動制御・素行症群
16. 物質関連障害および嗜癖性障害群
17. 神経認知障害群
18. パーソナリティ障害群
19. パラフィリア障害群
20. 他の精神疾患群
21. 医薬品誘発性運動症群および他の医療品有害作用
22. 臨床的関与の対象となることのある他の状態

の経験や機能低下を伴うことを不適応・不健康の基準としていることが読みとれます。

　感情という観点から精神疾患について考えたとき，一つの疑問が湧いてきます。それは，各疾患を特徴づける感情はあるのか，という点です。上述の通り，提案されている基本感情の種類は数が少なく，それ以外の複雑な感情（罪悪感や恥など）を含めたとしても，感情の種類と疾患に1対1の対応関係があるとは考え難いです。

　この問題に対する一つの答えは，異なる疾患の罹患者も同一の感情を経験するが，感情を経験する場面や対象が異なる，ということです。たとえば，不安症群の中でも，社交不安症の罹患者は他者の視線や他者との交流に不安を感じ，パニック症の罹患者は発作につながりそうな経験（たとえば息苦しさ）に不安を感じる，という違いがあります。

　また，疾患によって感情を経験する期間や頻度，および変動の仕方が異なる，

という違いも指摘できます。たとえば、トルールら（Trull, T. J. et al., 2008）は境界性パーソナリティ障害の罹患者とうつ病か気分変調性障害（DSM-5の持続性抑うつ障害と対応）の罹患者に対して28日間、1日6回、各時点で経験されている感情の評定を求めました。全時点で測定された感情の平均得点を比較すると、両群のポジティブ感情や敵意、恐怖、悲しみといったネガティブ感情の強さには差がありませんでした。しかし、境界性パーソナリティ障害の罹患者のほうが、敵意、恐怖、悲しみの得点の変動が激しいことが示されました。

しかし、精神疾患の共通性を強調する立場もあります。たとえば、ブラウンら（Brown, T. A. et al., 1998）はうつ病、全般不安症、パニック症/広場恐怖症、強迫症、社交不安症などに罹患する患者群を対象とし、参加者ごとに上記の5つの疾患の重症度を測定した上で、それらの重症度とPANASのポジティブ感情・ネガティブ感情との関連を検討しました。その結果、ネガティブ感情はすべての疾患の重症度と関連していました（図10.1）。1人の人が複数の精神疾

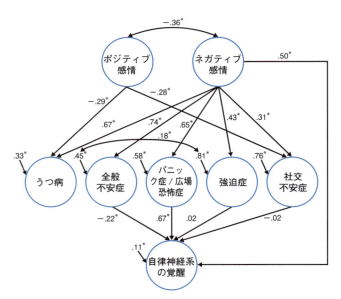

図10.1　**各疾患の重症度とポジティブ感情、ネガティブ感情、および自律神経系の覚醒の関連**（Brown et al., 1998をもとに作成）

*$p < .01$

患を同時に経験することは珍しくないですが、この併存の基盤にネガティブ感情の強さが関与していると考えられます。

　また、精神疾患の診断基準を概観すると、ポジティブ感情の増加も特定の疾患の診断基準に含められていることに気づきます。たとえば、双極Ⅰ型障害の診断基準の一部である躁病エピソードの中には、A基準に「気分が異常かつ持続的に高揚し」「異常にかつ持続的に亢進した目標指向性の活動または活力がある」、B基準の（1）に「自尊心の肥大、または誇大」という内容が含められています（American Psychiatric Association, 2013　髙橋と大野監訳　2014, p.124）。さらに、後述する通り、アルコール、薬物、タバコ、ギャンブルへの依存と関わる物質関連障害および嗜癖性障害群の疾患にはポジティブ感情の経験が大きく関連します。

　主観的な苦痛や機能低下を伴うことを「精神疾患」の基準とするDSM-5に基づけば、適応的なポジティブ感情と不適応的なそれとの区別が可能でしょう。つまり、何らかの時点で主観的な苦痛や問題につながる行動を生じさせた場合、それらと関連するポジティブ感情は不適応的である、ということです。

10.3　身体的健康

　感情は身体的健康にも影響を及ぼすことが明らかにされています。たとえば、プレスマンとコーエン（Pressman, S. D., & Cohen, S., 2005）はポジティブ感情と身体的健康の関連を検討した研究を概観し、普段ポジティブ感情を感じやすい人は風邪をひきにくい、痛みを感じにくい、脳梗塞を起こしにくい、心臓血管系疾患の予後が良いという特徴があり、高齢者を対象とした研究ではその後の死亡率が低くなることを示唆しました。また、フリードランドとカーニイ（Freedland, K. E., & Carney, R. M., 2014）は抑うつと身体的健康の関連を扱った研究を概観し、抑うつ症状が強い者やうつ病の罹患者はその後の死亡率が高く、肥満、メタボリックシンドローム、冠状動脈性心疾患、脳梗塞になりやすい、糖尿病、腎臓病、閉塞性睡眠時無呼吸症候群、冠状動脈性心疾患、心不全、がんの予後が悪い、ということを示唆しました。各身体疾患ととくに関連が強

い感情は何か,といった観点からさらなる検討が必要ですが,少なくとも感情と身体的健康に関連があることは間違いないでしょう。

なお,感情が身体的健康に及ぼす影響については,感情が体内の心臓血管系や免疫系などに影響を与え,身体的健康を左右する直接的なルートと,感情が生活習慣の乱れといった行動面に影響を与え,その結果身体的健康に影響を及ぼす間接的なルートの2つが考えられます。感情が身体的健康に及ぼす影響やそのメカニズムについて詳しく知りたい方は,章末に参考図書として挙げた『健康心理学・入門』や『感情心理学・入門』をご参照ください。

10.4 レスポンデント条件づけとオペラント条件づけ

以降の節では,感情の問題を増悪させる過程や要因について紹介します。学習心理学の分野で学ぶ**レスポンデント条件づけ**(respondent conditioning)と**オペラント条件づけ**(operant conditioning)は不安や恐怖の問題と大きく関わっています。レスポンデント条件づけとは,唾液や感情といった不随意的・反射的な反応が形成される条件づけです。哺乳類を初めとする生体は,生まれながらに刺激と反応の結びつきが形成されています。たとえば,イヌは誰からも習わなくても,餌を食べたときに唾液を分泌します。ここで,何らかの生得的な反応を引き起こす刺激を**無条件刺激**(unconditioned stimulus),その刺激によって生じる反応を**無条件反応**(unconditioned response)とよびます。また,イヌに餌を提示する前にベルの音を鳴らし,これを繰り返すと,イヌはベルの音を聞くだけで唾液を分泌するようになります。このとき,唾液の分泌といった不随意的反応を引き起こすようになった刺激を**条件刺激**(conditioned stimulus),条件刺激によって引き起こされる反応を**条件反応**(conditioned response)とよびます(Ramnerö & Törneke, 2008)。

ワトソンとレイナー(Watson, J. B., & Rayner, R., 1920)は,レスポンデント条件づけが人間の恐怖の形成と関連することを示しました。彼らは,生後11カ月のアルバート坊やが白ネズミに触れた瞬間に鋼鉄の棒をハンマーで叩く,ということを7回繰り返しました。その結果,アルバート坊やは白ネズミを見

10.4 レスポンデント条件づけとオペラント条件づけ

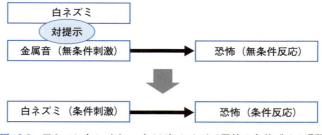

図10.2 ワトソンとレイナー（1920）における恐怖の条件づけの過程

るだけで泣き出し，這って逃げるようになりました。鋼鉄の棒を叩くことによって生じる金属音は，恐怖を引き起こす無条件刺激です。アルバート坊やに対して白ネズミと同時に金属音を提示することにより，白ネズミは恐怖を引き起こす条件刺激になったと考えられます。図10.2にこの条件づけの過程を図示しました。

レスポンデント条件づけは不安や恐怖の形成過程を説明するのに有用ですが，不安や恐怖の持続を説明するのには不向きです。なぜなら，無条件刺激を対提示せずに条件刺激のみを提示し続けた場合，徐々に条件刺激と条件反応の結びつきが弱まるからです。この過程を消去（extinction）とよびます。先のアルバート坊やの例では，金属音を伴わない状況で白ネズミに遭遇すれば，アルバート坊やは徐々に恐怖を感じなくなったはずです（実際は消去の手続きが行われなかったのですが）。社交不安症の罹患者は他の人と会うことを恐れているわけですが，生活をしていれば自然と他者と交流をする機会があり，徐々に不安が消去されるはずです。

この消去の妨害にオペラント条件づけが関与します。レスポンデント条件づけが不随意的な反応を扱っているのとは異なり，オペラント条件づけはより多様性に富んだ，何らかの目的を達成するための手段となる行動の増減を対象とします（Ramnerö & Törneke, 2008）。オペラント条件づけは，正の強化，負の強化，正の罰，負の罰という4つの原理によって行動の増減を説明しますが，不安の持続にはとくに負の強化（negative reinforcement）が関連します。負の強化とは，特定の結果を除去・減弱することによって，特定の行動の生起確率

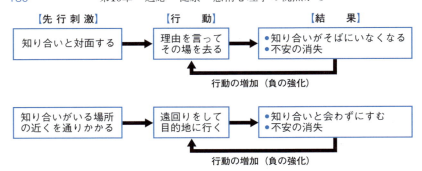

図 10.3 逃避行動（上）と回避行動（下）を維持する随伴性（関係性）の例

が増加することを指します。たとえば，社交不安症の罹患者は，知り合いと会った際にその場から離れることにより，不安が減少します。その結果，その人は知り合いと遭遇した際にその場から離れるという行動が増加します。この一連の過程が負の強化です。

この例のように，嫌悪的な刺激から遠ざかろうとする行動を逃避行動とよびます。また，嫌悪的な刺激に近づかないためにとる行動を回避行動とよびます。たとえば，知り合いと会わないために，知り合いが集まりやすい道を避け，遠回りをして目的地まで移動することです（図 10.3）。逃避行動や回避行動をとることにより，その人の不安は一時的に軽減されますが，消去が生じないため，長期的にみると不安が持続してしまいます。

10.5 反復性思考

感情の発生や悪化を説明するために，古くから「思考」の役割に注目が集まってきました。たとえば，ベック（Beck, A. T., 1963）はうつ病患者50名の面接の逐語記録を分析し，うつ病患者の思考には自己評価の低さ，喪失，自責，問題や義務の誇張，自己への強制，逃避や死の願望といった特徴があることを示唆しました。ベックは否定的に歪んだ思考がうつ病という感情の問題を導いていると考え，思考を修正することによりうつ病を改善する認知療法（cognitive

10.5 反復性思考

therapy）を創始しました。

その後，思考と感情の関連は盛んに研究されました。感情との関連が盛んに研究された思考の代表例として**反すう**（rumination）が挙げられます。反すうは「自己の抑うつ症状や，その症状が示唆することに焦点を当てた行動や思考」と定義され（Nolen-Hoeksema, 1991），とくに自身が経験している抑うつ状態の原因や意味に関する自問自答によって特徴づけられます。

反すうと抑うつの関連は多くの研究で確認されています。たとえば，ノーレン＝ホエクセマとモロウ（Nolen-Hoeksema, S., & Morrow, J., 1993）は，抑うつ状態の強い大学生24名と弱い大学生24名を対象とした実験を行いました。半分の参加者には8分間，自己や自身の身体感覚・感情について考えさせ，反すうを誘導しました。残りの半分の参加者には，地元のショッピングセンターのレイアウトなど，自己以外のことを考えさせました（気そらしの誘導）。その結果，元々抑うつ状態が強かった大学生のうち，反すうを誘導された群は気分が悪化し，気そらしを誘導された群は気分が改善しました。一方，元々抑うつ状態が弱かった大学生は，反すうや気そらしを誘導されても気分に変化はありませんでした（図10.4）。以上より，抑うつ気分を喚起しているときに反すうすると，抑うつ気分が悪化することが示唆されました。

また，ノーレン＝ホエクセマ（Nolen-Hoeksema, 2000）は地域住民1,132名を対象に，1年間の間隔を空けて2度調査を行いました。参加者は1回目の調査で普段どの程度反すうしているのかを測定するRuminative Responses Scale

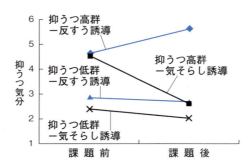

図10.4　ノーレン＝ホエクセマとモロウ（1993）の結果

に回答し，2回目の調査で，1年間の追跡期間にうつ病を発症したかどうかを聴取されました。そして，1回目の調査でうつ病を経験していなかった者の中で反すうをしやすかった者は，その後1年間にうつ病を発症しやすいことが示されました。

以上のように反すうは抑うつと強い関連がありますが，他の疾患と関連する思考もあります。たとえば，全般不安症には，未来に関する破局的な思考であり「～になったらどうしよう」という自問によって特徴づけられる**心配**（worry）が，**心的外傷後ストレス障害**（Post Traumatic Stress Disorder；**PTSD**）には過去に経験された外傷体験に関する反すうが，社交不安症には不安を感じた対人場面について振り返るpost-event processingが関連します（Ehring & Watkins, 2008）。これらの思考はすべてネガティブな内容であり，持続的・反復的であるという共通点があるため，**ネガティブな反復性思考**（repetitive negative thinking）と総称されます。

一方，**ポジティブな反すう**（positive rumination）についても研究が行われています。フェルドマンら（Feldman, G. C. et al., 2008）が作成したResponses to Positive Affect Questionnaireには，ポジティブ感情を経験した際，自己や感情に焦点を当てたポジティブな反すうをどの程度するのかを測定する2因子が含まれています。双極Ⅰ型障害の罹患者はポジティブな反すうをしやすく，かつ，ポジティブな反すうと過去の躁病エピソードの経験頻度には正の相関が認められました（Gruber et al., 2011）。つまり，ポジティブな反すうは躁病エピソードを導く危険因子であると考えられます。

なお，双極Ⅰ型障害の罹患者を対象とした場合，ポジティブな反すうをしやすい者は，過去の抑うつエピソードの経験頻度も多いことが示されました（Gruber et al., 2011）。しかし，一般大学生を対象とした調査では，ポジティブな反すうは抑うつの低下と関連するという報告もなされており（Feldman et al., 2008），どのような条件が揃った場合にポジティブな反すうが適応・健康に良い影響を及ぼすのか，あるいは悪影響を及ぼすのかは未解明であるといえます。

10.6 心的イメージ

心的イメージ（mental imagery）は，一般に「現実に刺激対象がないときに生じる擬似知覚的経験」と定義され，「心の中の絵や映像のようなもの」ととらえられます。しかし，視覚以外にも，人の声や音楽を思い浮かべる聴覚イメージなど，それぞれの感覚モダリティに対応したイメージが存在すると考えられます（松岡，2014）。

イメージは思考よりも感情との結びつきが強いことが示唆されています。たとえば，ホームズとマシューズ（Holmes, E. A., & Mathews, A., 2005）は，一般健常者にヘッドホンを通して100個のネガティブな状況の描写（たとえば，「あなたは仕事中に火災報知機が鳴り響く音を聞きました。あなたが出口に向かって走っているとき，本当に火事が起きているのが分かりました」）を聴取させる実験を行いました。その際，半分の参加者については，その状況をイメージする条件に割り振り，残りの参加者を，その状況の意味について考える条件に振り分けました。その結果，状況をイメージした条件のほうが，状態不安が増加しました（図10.5）。

ホームズら（Holmes et al., 2009）は同様の手法を用い，参加者を100個のポジティブな状況の描写についてイメージする条件と意味を考える条件に振り分け，その影響の差を検討しました。その結果，イメージ条件では課題後にポジ

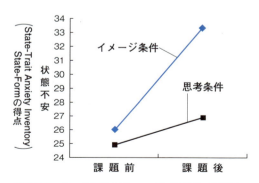

図10.5 ホームズとマシューズ（2005）の結果

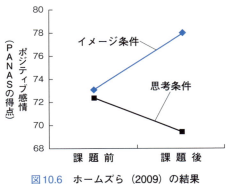

図10.6　ホームズら（2009）の結果

ティブ感情が増加することが示されました（図10.6）。それに加え，イメージ条件では課題後に状態不安が低下する一方，思考条件では状態不安が増加することが示されました。ポジティブな状況の描写を用いたこの実験では，イメージがポジティブ感情を増加させる一方，思考は状態不安を悪化させました。後者の理由を検討するために，ホームズら（Holmes et al., 2009）は2つ目の実験を行い，ポジティブな状況について考えることで生じる悪影響は，参加者が考えることを指示された状況と自身の現状を比べ，現状がうまくいっていないと認識してしまうからであると示唆しました。

　以上の結果より，イメージが感情と密接に関わっていることが示唆されます。ホームズとマシューズ（Holmes & Mathews, 2010）は，侵入的で苦痛なイメージが顕著に認められる精神疾患として，心的外傷後ストレス障害，うつ病，社交不安症，広場恐怖症，強迫症，限局性恐怖症，醜形恐怖症，摂食障害を挙げています。たとえば，心的外傷後ストレス障害におけるフラッシュバック（外傷的出来事が再び起こっているように感じる体験）は，まさにイメージの問題であるといえます。また，うつ病の罹患者は，ネガティブな侵入的記憶を経験した際に，その出来事のイメージを鮮明に経験し，記憶の苦痛度や日常生活を障害する程度が強い（Newby & Moulds, 2011），将来ポジティブな出来事が起きることを鮮明にイメージすることが困難であり，その出来事が起きる確率を低く評価する（Morina et al., 2011），という特徴があります。社交不安

症の罹患者は，対人場面において観察者視点による自己イメージ（他者の視点から見ている自己の姿のイメージ）を経験し，かつ，そのイメージがネガティブに歪んでいることが示唆されています。たとえば，実際以上に身体が震えていたり，真っ赤な顔でこわばった姿勢をしている自分の姿をイメージします（Hackmann et al., 1998）。

　一方，ポジティブなイメージと精神疾患の関連についても検討が行われています。たとえば，イヴィンスら（Ivins, A. et al., 2014）は，双極性障害の罹患者はうつ病や気分変調性障害の罹患者よりも，ポジティブ感情が生じた際にポジティブなイメージを鮮明に経験し，そのイメージによって強い喜びや興奮を感じることを報告しました。双極性障害の罹患者に認められる侵入的なイメージは，将来の出来事に関する内容が中心であるため，イヴィンスらはこれを「フラッシュフォワード（flashforward）」とよんでいます。また，物質関連障害および嗜癖性障害群の疾患や食べ物への渇望には，求めているもの（アルコール，薬物，タバコ，食べ物など）のイメージが関連することが指摘されています。つまり，このイメージが喜びや安堵，あるいは，求めているものを手にすることができていないことに対する不快感を生むため，それを手に入れ，消費しようとする行動が促されるのです（May et al., 2015）。

10.7　衝動性

　衝動性（impulsivity）は多くの研究で精神疾患との関連が指摘されてきましたが，研究者によって異なった定義がなされてきた概念でもあります。そのような中，ホワイトサイドとライナム（Whiteside, S. P., & Lynam, D. R., 2001）は，先行研究で用いられた衝動性の質問紙を整理し，以下の4因子から構成されるUPPS Impulsive Behavior Scale を作成しました。

- ネガティブな緊急性（Negative urgency；当初は"Urgency"と命名されていた）……ネガティブ感情が生じた際に軽率な行動を行ってしまう傾向。
- 計画性の欠如（Lack of premeditation）……熟慮をせずに行動してしまう傾向。

- 忍耐の欠如（Lack of perseverance）……退屈であったり大変な課題に取り組み続けるのが困難な傾向。
- 刺激希求（Sensation seeking）……興奮するような活動や新しい経験を好む傾向。

　ネガティブな緊急性はネガティブ感情を制御する困難さを反映しており，本章のテーマと合致しているため，以下で詳細に言及します。表10.3にネガティブな緊急性の項目例を示しました。

　ネガティブな緊急性は，とくに不適切な行動を抑えるのが難しい，という特徴をもつ疾患と関連しています。たとえば，境界性パーソナリティ障害やギャンブル障害の罹患者は，ネガティブな緊急性が強いことが示されています（Whiteside et al., 2005）。これらの群はネガティブ感情を喚起した際，その感情を抑えるために，自傷行為やギャンブルに走ってしまうのだと考えられます（たとえば，リストカットをすると，痛みによって嫌な気分から気をそらすことができます）。そのような問題行動を起こそうとする衝動の制御困難にネガティブな緊急性が関与しているのでしょう。また，ネガティブな緊急性の得点が高い者は攻撃性が高く，問題のある飲酒（飲みすぎや飲酒によって起こす問題行動），違法な薬物使用，不適切な性行為（避妊をしないなど）を行いやす

表10.3　**ネガティブな緊急性とポジティブな緊急性の項目例**（長谷川ら，2016）

【ネガティブな緊急性】
嫌な気分の時，私はその時の気分を改善するためのことをして，後で後悔することが多い。
嫌な気分の時，たとえ自分の気分を悪化させることであったとしても，その時に取り組んでいることをやめるのが難しいことがある。
気が動転した時，考えなしに振る舞ってしまうことが多い。
他の人に拒絶されたと感じた時，後で後悔するようなことを多々言ってしまうだろう。

【ポジティブな緊急性】
とても良い気分の時，私は問題を引き起こしかねない状況に飛び込んでしまうことが多い。
とても良い気分の時，自分自身をコントロールできなくなることが多い。
私が非常に興奮した時，周りの人は私のその振る舞いにショックを受けたり，心配をする。
とても興奮している時，考えなしに振る舞ってしまうことが多い。

い（Settles et al., 2012），過食や不適切な代償行動（自己誘発性嘔吐など）といった神経性大食症の症状が強い（Fischer et al., 2008），タバコの渇望が強い（Doran et al., 2009），衝動買いをしやすい（Rose & Segrist, 2014），という報告もなされています。

一方，サイダースら（Cyders, M. A. et al., 2007）は，ポジティブ感情が生じた際に軽率な行動を行ってしまう傾向であるポジティブな緊急性（Positive urgency）という概念を提案しました（表10.3）。ポジティブな緊急性も不適切な行動の抑制の難しさを特徴とする問題との関連が示されています。しかし，ポジティブな緊急性の高さはアルコール使用障害の罹患と関連する一方，摂食障害とは関連が認められませんでした（Cyders et al., 2007）。ネガティブな緊急性に関する研究結果と重ね合わせると，アルコールの乱用はネガティブ感情とポジティブ感情を喚起した際の衝動の制御困難と関連しているといえます。それに対して，過食といった摂食障害の問題はネガティブ感情を喚起した際の衝動の制御困難とのみ関連しており，過食は不快な感情を解消するための手段となっているのかもしれません。

また，双極Ⅰ型障害はネガティブな緊急性とポジティブな緊急性の両方と関連があるものの，ポジティブな緊急性との関連のほうが強いことが示されました（Muhtadie et al., 2014）。双極Ⅰ型障害は衝動性の高さによって特徴づけられ，とくにポジティブ感情を経験した際の衝動の制御困難と密接に関連していることが伺えます。

10.8 おわりに

本章では，感情と適応・健康との関連に加え，感情の問題を増悪させる過程や要因について概観してきました。これをふまえ，感情の問題を改善する方法について考えることも重要でしょう。感情の問題を増悪させる要因を取り除くことにより，問題が改善することが予想され，実際にその試みが行われています（章末の参考図書などをご参照ください）。感情の問題が悪化するメカニズムを，その改善の方法とセットで議論することは，理論面に加え，実践面への

貢献という観点でも実り多いでしょう。

　また，本章の内容をふまえると，どのような状態であれば適応的であり，健康的であるのか明確に述べるのは意外と難しいです。双極性障害や物質関連障害および嗜癖性障害群の特徴をみると，ポジティブ感情の増加が適応的・健康的であるとは一概にいえません。もしかすると，適応・健康は「どのような感情をどの程度強く，どの程度長く経験しているのか」だけではなく，「感情を経験した際，思考，イメージ，行動といった反応をどの程度コントロールできるのか」ということとも関連しているのかもしれません。

　さらに，適応や健康の指標を何にするのかによっても評価が変わってくることでしょう。たとえば，主観的な苦痛を生むのかどうかを基準とする場合と，日常生活における機能の低下を導くのかどうかを基準とする場合では，適応的・健康的な状態の答えが変わってくると考えられます。そもそも「適応・健康とは何か」という観点から問い直すことにより，素晴らしいアイディアが湧いてくるかもしれません。

復習問題

1. 抑うつ障害群と関連の強い感情の種類は何か，不安症群と関連の強い感情は何かを挙げてみましょう。
2. レスポンデント条件づけとオペラント条件づけが不安や恐怖の問題とどのような関連があるのか説明してみましょう。
3. 反すうや心的イメージが感情に及ぼす影響を検討した実験の方法や結果をまとめてみましょう。

参考図書

大平英樹（編）(2010).　感情心理学・入門　有斐閣

　感情心理学の理論や研究結果を整理し，現在における感情心理学の到達地点を示した専門書。感情と適応・健康の関連についても詳しく解説されています。

島井哲志・長田久雄・小玉正博（編）(2009).　健康心理学・入門——健康なこころ・身体・社会づくり——　有斐閣

　健康心理学の基礎から応用までを網羅した教科書的な一冊。感情といった心理学的な要因が身体的健康に及ぼす影響についても取り上げられています。

杉浦義典・丹野義彦（2008）.　パーソナリティと臨床の心理学——次元モデルによる統合——　培風館

　臨床心理学の問題についてパーソナリティ心理学の視点を取り入れて考察した本。感情についても取り上げられており，治療方法についても詳しく言及されています。

引用文献

第1章

Alarcon, G., Eschleman, K. J., & Bowling, N. A. (2009). Relationships between personality variables and burnout：A meta-analysis. *Work and Stress*, **23**, 244-263.

Allport, G. W. (1937). *Personality：A psychological interpretation*. New York：Henry Holt.
（オールポート，G. W.　詫摩武俊・青木孝悦・近藤由紀子・堀　正（訳）（1982）．パーソナリティ——心理学的解釈——　新曜社）

Allport, G. W., & Odbert, H. S. (1936). Trait-names：A psycho-lexical study. *Psychological Monographs*, No.211.

Arnett, J. (1991). Heavy metal music and reckless behavior among adolescents. *Journal of Youth and Adolescence*, **20**, 573-592.

Ashton, M. C., Lee, K., de Vries, R. E., Perugini, M., Gnisci, A., & Sergi, I. (2006). The HEXACO model of personality structure and indigenous lexical personality dimensions in Italian, Dutch, and English. *Journal of Research in Personality*, **40**, 851-875.

Barrick, M. R., & Mount, M. K. (1991). The Big Five personality dimensions and job performance：A meta-analysis. *Personnel Psychology*, **44**, 1-26.

Bouchard, T. J., & McGue, M. (2003). Genetic and environmental influences on human psychological differences. *Journal of Neurobiology*, **54**, 4-45.

Cattell, H. E., & Mead, A. D. (2008). The sixteen personality factor questionnaire (16PF). In G. J. Boyle, G. Matthews, & D. H. Saklofske (Eds.), *The SAGE handbook of personality theory and assessment：Personality measurement and testing*. Vol.2. (pp.135-159). Thousand Oaks, CA：Sage.

Cattell, R. B. (1965). *The scientific analysis of personality*. London：Penguin Books.
（キャッテル，R. B.　斎藤耕二・安塚俊行・米田弘枝（訳）（1981）．パーソナリティの心理学［改訂版］——パーソナリティの理論と科学的研究——　金子書房）

Clarke, S., & Robertson, I. (2005). A meta-analytic review of the Big Five personality factors and accident involvement in occupational and non-occupational settings. *Journal of Occupational and Organizational Psychology*, **78**, 355-376.

Costa, P. T., Jr., & McCrae, R. R. (1992). *Revised NEO Personality Inventory (NEO-PI-R) and NEO Five-Factor Inventory (NEO-FFI) professional manual*. Odessa, FL：Psychological Assessment Resources.

Delsing, M. J., Ter Bogt, T. F., Engels, R. C., & Meeus, W. H. (2008). Adolescents' music preferences and personality characteristics. *European Journal of Personality*, **22**, 109-130.

De Raad, B., Barelds, D. P. H., Levert, E., Ostendorf, F., Mlačić, B., Blas, L. D., Hřebičková, M., Szirmák, Z., Szarota, P., Perugini, M., Church, A. T., & Katigbak, M. S. (2010). Only three factors of personality description are fully replicable across languages：A comparison of 14 trait taxonomies. *Journal of Personality and Social Psychology*, **98**, 160-173.

Digman, J. M. (1997). Higher-order factors of the Big Five. *Journal of Personality and Social Psychology*, **73**, 1246-1256.

Eysenck, H. J. (1952). *The scientific study of personality*. London：Routledge & Kegan Paul.

Eysenck, H. J. (1960). *The structure of human personality*. Methuen：Wiley.

Goldberg, L. R. (1990). An alternative "description of personality"：The Big-Five factor structure. *Journal of Personality and Social Psychology*, **59**, 1216-1229.

Hampson, S. E., & Goldberg, L. R. (2006). A first large cohort study of personality trait stability over the 40 years between elementary school and midlife. *Journal of Personality and Social Psychology*, **91**, 763-779.

Judge, T. A., Heller, D., & Mount, M. K. (2002). Five-Factor Model of personality and job satisfaction：A meta-analysis. *Journal of Applied Psychology*, **87**, 530-541.

Jung, C. G. (1921). *Psychologische typen*. Zürich：Rascher Verlag.
　（ユング，C. G.　林　道義（訳）(1987).　タイプ論　みすず書房）

Kretschmer, E. (1955). *Körperbau und Character：Untersuchungen zum Konstitutionsproblem und zur Lehre von den Temperamenten*. Berlin：Springer Verlag.
　（クレッチメル，E.　相場　均（訳）(1960).　体格と性格――体質の問題および気質の学説によせる研究――　文光堂）

Malouff, J. M., Thorsteinsson, E. B., Rooke, S. E., & Schutte, N. S. (2007). Alcohol involvement and the Five-Factor Model of personality：A meta-analysis. *Journal of Drug Education*, **37**, 277-294.

Malouff, J. M., Thorsteinsson, E. B., Schutte, N. S., Bhullar, N., & Rooke, S. E. (2010). The Five-Factor Model of personality and relationship satisfaction of intimate partners：A meta-analysis. *Journal of Research in Personality*, **44**, 124-127.

McCown, W., Keiser, R., Mulhearn, S., & Williamson, D. (1997). The role of personality and gender in preference for exaggerated bass in music. *Personality and Individual Differences*, **23**, 543-547.

McCrae, R. R., & Costa, P. T., Jr. (1983). Joint factors in self-reports and ratings：Neuroticism, extraversion and openness to experience. *Personality and Individual Differences*, **4**, 245-255.

McCrae, R. R., & Costa, P. T., Jr. (1987). Validation of the Five-Factor Model of personality across instruments and observers. *Journal of Personality and Social Psychology*, **52**, 81-90.

Miller, J. D., & Lynam, D. (2001). Structural models of personality and their relation to antisocial behavior：A meta-analytic review. *Criminology*, **39**, 765-798.

Mischel, W. (1968). *Personality and assessment*. New York：Wiley.
　（ミシェル，W.　詫摩武俊（監訳）(1992).　パーソナリティの理論――状況主義的アプローチ――　誠信書房）

水野里恵（1998）．乳児期の子どもの気質・母親の分離不安と後の育児ストレスとの関連――第一子を対象にした乳幼児期の縦断研究――　発達心理学研究，**9**，56-65．

Montemayor, R. (1978). Men and their bodies：The relationship between body type and behavior. *Journal of Social Issues*, **34**, 48-64.

Norman, W. T. (1967). *2800 personality trait descriptors：Normative operating characteristics for a university population*. Ann Arbor：Department of Psychology, The University of Michigan.

小塩真司（2014）．Progress & Application　パーソナリティ心理学　サイエンス社

Prinzie, P., Stams, G. J. J., Deković, M., Reijntjes, A. H., & Belsky, J. (2009). The relations between parents' Big Five personality factors and parenting：A meta-analytic review. *Journal of Personality and Social Psychology*, **97**, 351-362.

Rhodes, R. E., & Smith, N. E. I. (2006). Personality correlates of physical activity：A review and meta-analysis. *British Journal of Sports Medicine*, **40**, 958-965.

Richardson, M., Abraham, C., & Bond, R. (2012). Psychological correlates of university students' academic performance：A systematic review and meta-analysis. *Psychological Bulletin*, **138**, 353-387.

Roberts, B. W., & DelVecchio, W. F. (2000). The rank-order consistency of personality traits

from childhood to old age: A quantitative review of longitudinal studies. *Psychological Bulletin*, **126**, 3-25.
Robins, R. W., Tracy, J. L., Trzesniewski, K., Potter, J., & Gosling, S. D. (2001). Personality correlates of self-esteem. *Journal of Research in Personality*, **35**, 463-482.
佐藤淳一（2005）．Jungの心理学的タイプ測定尺度（JPTS）の作成　心理学研究，**76**，203-210.
Sheldon, W. H., & Stevens, S. S. (1942). *The varieties of temperament: A psychology of constitutional difference.* New York: Harper & Brothers.
Soldz, S., & Vaillant, G. E. (1999). The Big Five personality traits and the life course: A 45-year longitudinal study. *Journal of Research in Personality*, **33**, 208-232.
Steel, P. (2007). The nature of procrastination: A meta-analytic and theoretical review of quintessential self-regulatory failure. *Psychological Bulletin*, **133**, 65-94.
Thomas, A., & Chess, S. (1977). *Temperament and development.* New York: Brunner/Mazel.
若林明雄（1993）．パーソナリティ研究における"人間-状況論争"の動向　心理学研究，**64**，296-312.
若林明雄（2009）．パーソナリティとは何か——その概念と理論——　培風館
Zeigler-Hill, V. (2013). The importance of self-esteem. In V. Zeigler-Hill (Ed.), *Self-esteem* (pp.1-20). New York: Psychology Press.

第2章
Allport, G. W. (1937). *Personality: A psychological interpretation.* New York: Henry Holt.
　（オールポート，G. W.　詫摩武俊・青木孝悦・近藤由紀子・堀　正（訳）（1982）．パーソナリティ——心理学的解釈——　新曜社）
Eysenck, S. B. G., & Eysenck, H. J. (1967). Salivary response to lemon juice as a measure of introversion. *Perceptual and Motor Skills*, **24**, 1047-1953.
角野善宏（2004）．イメージを描く技法　皆藤　章（編）臨床心理査定技法2（pp.181-205）誠信書房
Koch, K. (1957). *Der Baumtest: Der Baumzeichenversuch als psychodiagnostisches Hilfsmittel.* 3.Aufl. Bern: Hans Huber.
　（コッホ，K.　岸本寛史・中島ナオミ・宮崎忠男（訳）（2010）．バウムテスト［第3版］——心理的見立ての補助手段としてのバウム画研究——　誠信書房）
村山　航（2012）．妥当性概念の歴史的変遷と心理測定学的観点からの考察　教育心理学年報，**51**，118-130.
並木　博（2006）．概念的妥当性の検証——心理測定学的構成概念と認知心理学的構成概念の場合——　教育心理学年報，**45**，134-144.
Shneidman, E. S. (1949). Some comparison among four Picture Test, Thematic Apperception Test, and make a Picture Test. *Rorschach Research Exchange and Journal of Projective Techniques*, **13**, 150-154.
武井祐子・寺崎正治・門田昌子（2007）．幼児気質質問紙作成の試み　パーソナリティ研究，**16**，80-91.
【参考文献】
●個人差測定法の発展
肥田野　直（編）（1972）．心理学研究法7　テストⅠ　東京大学出版会
日本応用心理学会（編）（1954）．心理学講座　第9巻　心理測定　中山書店
岡本春一（1987）．フランシス・ゴールトンの研究　ナカニシヤ出版
Reuchlin, M. (1951). *Histoire de la psychologie.* Paris: Presses Universitaires de France.

（ルシュラン，M. 豊田三郎（訳）（1959）．心理学の歴史　白水社）
サトウタツヤ・高砂美樹（2003）．流れを読む心理学史——世界と日本の心理学——　有斐閣

● **質問紙法**

Karson, S., & O'Dell J. W. (1976). *A guide to the clinical use of the 16PF*. Champaign : The Institute for Personality and Ability Testing.
（カースン，S.・オデール，J. W. 伊沢秀而・内山武治・茂木茂八（訳）（1985）．16PFの臨床的利用　日本文化科学社）
MMPI新日本版研究会（1993）．新日本版MMPIマニュアル　三京房
MPI研究会（編）（1969）．新・性格検査法——モーズレイ性格検査——　誠信書房
野呂浩史・荒川和歌子・井手正吾（編）（2011）．わかりやすいMMPI活用ハンドブック——施行から臨床応用まで——　金剛出版
下仲順子・中里克治・権藤恭之・高山　緑（1999）．日本版NEO-PI-R, NEO-FFI使用マニュアル（成人・大学生用）　東京心理
辻岡美延（1982）．新性格検査法——YG性格検査実施・応用・研究手引——　日本心理テスト研究所

● **客観的行動検査**

日本・精神技術研究所（編）（1975）．内田クレペリン精神検査・基礎テキスト［増補改訂版］　金子書房

● **投影法**

Exner, J. E. (2001). *A Rorschach workbook for the comprehensive system* (5th ed.). Asheville : Rorschach Workshops.
（エクスナー，J. E. 中村紀子・西尾博行・津川律子（監訳）（2003）．ロールシャッハ・テストワークブック［第5版］　金剛出版）
秦　一士（1993）．P-Fスタディの理論と実際　北大路書房
林　勝造（2007）．PFスタディ解説［2006年版］——基本手引——　三京房
伊藤隆一（編著）（2012）．SCT（精研式 文章完成法テスト）活用ガイド——産業・心理臨床・福祉・教育の包括的手引——　金子書房
佐野勝男・槇田　仁（1991）．精研式 文章完成テスト解説［新訂版］——成人用——　金子書房
高橋省己（1968）．ベンダー・ゲシュタルト・テスト・ハンドブック　三京房
戸川行男（1953）．絵画統覚検査解説——TAT日本版——　金子書房
戸川行男・村松常雄・児玉　省・懸田克躬・小保内虎夫（1959）．TAT　本明　寛・外林大作（編）心理診断法双書3　中山書店

● **知能検査**

藤田和弘・前川久男・大六一志・山中克夫（編）（2011）．日本版WAIS-IIIの解釈事例と臨床研究　日本文化科学社
プリフィテラ，A.・サクロフスキー，D. H.・ワイス，L. G.（編）上野一彦（監訳）上野一彦・バーンズ亀山静子（訳）（2012）．WISC-IVの臨床的利用と解釈　日本文化科学社
田中教育研究所（編）（2003）．田中ビネー知能検査V　理論マニュアル・実施マニュアル・採点マニュアル　田研出版
ウェクスラー，D.　日本版WISC-IV刊行委員会（訳）（2010）．日本版WISC-IV知能検査理論・解釈マニュアル　日本文化科学社

第3章

Beaupré, M. G., & Hess, U. (2005). Cross-cultural emotion recognition among Canadian

ethnic groups. *Journal of Cross-Cultural Psychology*, **36**, 355-370.
Beck, A. T. (1967). *Depression : Clinical, experimental, and theoretical aspects*. New York : Holber.
Bower, G. H. (1981). Mood and memory. *American Psychologist*, **36**, 129-148.
Breslow, R., Kocsis, Q. J., & Belkin, B. (1980). Memory deficits in depression : Evidence utilizing the Wechsler Memory Scale. *Perceptual and Motor Skills*, **51**, 541-542.
Charles, S. T., Mather, M., & Carstensen, L. L. (2003). Aging and emotional memory : The forgettable nature of negative images for older adults. *Journal of Experimental Psychology : General*, **132**, 310-324.
Collins, A. M., & Loftus, E. F. (1975). A spreading activation theory of semantic processing. *Psychological Review*, **82**, 407-428.
Collins, A. M., & Quillian, M. R. (1969). Retrieval time from semantic memory. *Journal of Verbal Learning and Verbal Behavior*, **8**, 240-247.
Eisenberg, N., Fabes, R. A., Guthrie, I. K., & Reiser, M. (2000). Dispositional emotionality and regulation : Their role in predicting quality of social functioning. *Journal of Personality and Social Psychology*, **78**, 136-157.
Ekman, P. (1984). Expression and the nature of emotion. In K. Scherer, & P. Ekman (Eds.), *Approaches to emotion* (pp.319-344). Hillsdale, NJ : Lawrence Erlbaum.
Ellis, H. C., Thomas, R. L., & Rodriguez, I. A. (1984). Emotional mood states and memory : Elaborative encoding, semantic processing, and cognitive effort. *Journal of Experimental Psychology : Learning, Memory, and Cognition*, **10**, 470-482.
Forgas, J. P. (1992). On mood and peculiar people : Affect and person typicality in impression formation. *Journal of Personality and Social Psychology*, **62**, 863-875.
Forgas, J. P. (1995). Mood and judgment : The Affect Infusion Model (AIM). *Psychological Bulletin*, **117**, 39-66.
伊藤美加 (2001). 自動的処理と統制的処理とにおける気分一致効果——記憶負荷のある場合とない場合との比較—— 基礎心理学研究, **20**, 21-29.
川瀬隆千 (1992). 日常的記憶の検索に及ぼす感情の効果——検索手がかりの自己関連性について—— 心理学研究, **63**, 85-91.
Kenealy, P. M. (1997). Mood-state-dependent retrieval : The effects of induced mood on memory reconsidered. *Quarterly Journal of Experimental Psychology*, **50**, 290-317.
木村 晴 (2006). 感情の制御 北村英哉・木村 晴 (編) 感情研究の新展開 (pp.193-210) ナカニシヤ出版
Labar, K. S., & Cabeza, R. (2006). Cognitive neuroscience of emotional memory. *Nature Reviews Neuroscience*, **7**, 54-64.
Medford, N., Phillips, M. L., Brierley, B., Brammer, M., Bullmore, E. T., & David, A. S. (2005). Emotional memory : Separating content and context. *Psychiatry Research : Neuroimaging*, **138**, 247-258.
Nittono, H., Fukushima, M., Yano, A., & Moriya, H. (2012). The power of kawaii : Viewing cute images promotes a careful behavior and narrows attentional focus. *PLoS ONE*, **7**, e46362.
野内 類 (2007). 自然に生起した気分状態における自伝想起課題が気分一致効果に及ぼす影響 感情心理学研究, **14**, 54-63.
野内 類・兵藤宗吉 (2006). 自伝想起課題と他者エピソード想起課題が気分一致記憶の生起に及ぼす影響 認知心理学研究, **4**, 15-23.
Takeuchi, H., Taki, Y., Nouchi, R., Hashizume, H., Sekiguchi, A., Kotozaki, Y., Nakagawa, S.,

Miyauchi, C. M., Sassa, Y., & Kawashima, R. (2014). Working memory training improves emotional states of healthy individuals. *Frontiers in System Neuroscience*, **16**, 200.

第4章

Ames, C. (1992). Classrooms：Goals, structures, and student motivation. *Journal of Educational Psychology*, **84**, 261-271.

Bandura, A. (1977). Self-efficacy：Toward a unifying theory of behavioral change. *Psychological Review*, **84**, 191-215.

Cameron, J., & Pierce, W. D. (2002). *Rewards and intrinsic motivation：Resolving the controversy*. Westport, CT：Bergin and Garvey, Greenwood.

Connell, J. P., & Wellborn, J. G. (1991). Competence, autonomy and relatedness：A motivational analysis of self-system processes. In M. R. Gunnar, & L. A. Sroufe (Eds.), *Minnesota symposium on child psychology*. Vol.23. *Self processes and development* (pp.43-77). Chicago：University of Chicago Press.

Deci, E. L. (1971). Effects of externally mediated rewards on intrinsic motivation. *Journal of Personality and Social Psychology*, **18**, 105-115.

Deci, E. L., & Ryan, R. M. (1985). *Intrinsic motivation and self-determination in human behavior*. New York：Plenum.

Elliot, A. J. (1999). Approach and avoidance motivation and achievement goals. *Educational Psychologist*, **34**, 169-189.

Frijda, N. H. (1986). *The emotions*. Cambridge, UK：Cambridge University Press.

Harlow, H. F., Harlow, M. K., & Meyer, D. R. (1950). Learning motivated by a manipulation drive. *Journal of Experimental Psychology*, **40**, 228-234.

Hidi, S., & Renninger, K. A. (2006). The four-phase model of interest development. *Educational Psychologist*, **41**, 111-127.

鹿毛雅治（2004）．「動機づけ研究」へのいざない　上淵　寿（編著）動機づけ研究の最前線（pp.1-28）　北大路書房

Kasser, T., & Ryan, R. M. (1996). Further examining the American dream：Differential correlates of intrinsic and extrinsic goals. *Personality and Social Psychology Bulletin*, **22**, 280-287.

Kasser, V. M., & Ryan, R. M. (1999). The relation of psychological needs for autonomy and relatedness to health, vitality, well-being, and mortality in a nursing home. *Journal of Applied Social Psychology*, **29**, 935-954.

Kruglanski, A. W. (1975). The endogenous-exogenous partition in attribution theory. *Psychological Review*, **82**, 387-406.

岡田　涼・中谷素之（2006）．動機づけスタイルが課題への興味に及ぼす影響――自己決定理論の枠組みから――　教育心理学研究，**54**，1-11.

Pekrun, R. (2006). The control-value theory of achievement emotions：Assumptions, corollaries, and implications for educational research and practice. *Educational Psychology Review*, **18**, 315-341.

Pekrun, R., & Perry, R. P. (2014). Control value theory of achievement emotions. In R. Pekrun, & L. Linnenbrink-Garcia (Eds.), *International handbook of emotions in education* (pp.120-141). New York：Routledge.

Renninger, K. A. (2009). Interest and identity development in instruction：An inductive model. *Educational Psychologist*, **44**, 105-118.

Ryan, R. M., & Deci, E. L. (2000). Self-determination theory and the facilitation of intrinsic

motivation, social development, and well-being. *American Psychologist*, **55**, 68-78.
Sheldon, K. M., Ryan, R. M., & Reis, H. T. (1996). What makes for a good day? Competence and autonomy in the day and in the person. *Personality and Social Psychology Bulletin*, **22**, 1270-1279.
Skinner, E. A., & Belmont, M. J. (1993). Motivation in the classroom : Reciprocal effects of teacher behavior and student engagement across the school year. *Journal of Educational Psychology*, **85**, 571-581.
Taylor, K. M., & Betz, N. E. (1983). Applications of self-efficacy theory to the understanding and treatment of career indecision. *Journal of Vocational Behavior*, **22**, 63-81.
上淵　寿（2004）．達成目標理論の最近の展開　上淵　寿（編著）動機づけ研究の最前線（pp.88-107）　北大路書房
上淵　寿（2008）．感情研究と動機づけ研究の関係　上淵　寿（編著）感情と動機づけの発達心理学（pp.1-24）　ナカニシヤ出版
Weiner, B. (1972). *Theories of motivation : From mechanism to cognition*. Chicago : Markham Publishing.
Weiner, B. (1986). *An attributional theory of motivation and emotion*. New York : Springer-Verlag.
White, R. W. (1959). Motivation reconsidered : The concept of competence. *Psychological Review*, **66**, 297-333.
Wigfield, A., & Eccles, J. S. (2000). Expectancy-value theory of achievement motivation. *Contemporary Educational Psychology*, **25**, 68-81.

第5章

Ainsworth, M. D. S., Blehar, M., Waters, E., & Wall, S. (1978). *Patterns of attachment : A psychological study of the strange situation*. Hillsdale, NJ : Erlbaum.
天谷祐子（2002）．「私」への「なぜ」という問いについて——面接法による自我体験の報告から——　発達心理学研究，**13**, 221-231.
天谷祐子（2004）．質問紙調査による「私」への「なぜ」という問い——自我体験——の検討　発達心理学研究，**15**, 356-365.
天谷祐子（2005）．自己意識と自我体験——「私」への「なぜ」という問い——の関連　パーソナリティ研究，**13**, 197-207.
安藤寿康（2000）．心はどのように遺伝するか——双生児が語る新しい遺伝観——　講談社
安藤寿康（2011）．遺伝マインド——遺伝子が織り成す行動と文化——　有斐閣
Baltes, P. B. (1997). On the incomplete architecture of human ontogeny : Selection, optimization, and compensation as foundation of developmental theory. *American Psychologist*, **52**, 366-380.
Baltes, P. B., Dittmann-Kohli, F., & Dixon, R. A. (1984). New perspectives on the development of intelligence in adulthood : Toward a dual-process conception and a model of selective optimization with compensation. In P. B. Baltes, & O. G. Brim, Jr. (Eds.), *Life-span development and behavior*. Vol.6. (pp. 33-76). New York, NY : Academic Press.
Benjamin, J., Li, L., Patterson, C., Greenberg, B. D., Murphy, D. L., & Hamer, D. H. (1996). Population and familial association between the D4 dopamine receptor gene and measures of novelty seeking. *Nature Genetics*, **12**, 81-84.
Bertrand, R. M., & Lachman, M. E. (2003). Personality development in adulthood and old age. In R. M. Lerner, M. A. Easterbrooks, & J. Mistry (Eds.), *Handbook of psychology*. Vol.6. *Developmental psychology* (pp.463-485). Hobken, NJ : John Wiley & Sons.

Bowlby, J. (1969). *Attachment and loss*. Vol.1. *Attachment*. New York, NY: Basic Books.
Bowlby, J. (1973). *Attachment and loss*. Vol.2. *Separation*. New York, NY: Basic Books.
Brazelton, T. B. (1973). Neonatal behavioral assessment scale. *Clinics in Developmental Medicine*, No.50. London: William Heinemann Medical Books.
　（ブラゼルトン，T. B.　鈴木良平（監訳）穐山富太郎・川口幸義（訳）（1979）．ブラゼルトン新生児行動評価　医歯薬出版）
Cloninger, C. R., Svrakic, D. M., & Przybeck, T. R. (1993). A psychological model of temperament and character. *Archives of General Psychiatry*, **50**, 975-990.
Collins, N. L., & Read, S. J. (1990). Adult attachment, working models, and relationship quality in dating couples. *Journal of Personality and Social Psychology*, **58**, 644-663.
Ebstein, R. P., Novick, O., Umansky, R., Priel, B., Osher, Y., Blaine, D., Bennett, E. R., Nemanov, L., Katz, M., & Belmaker, R. H. (1996). Dopamine D4 receptor (D4DR) exon Ⅲ polymorphism associated with the human personality trait of novelty seeking. *Nature Genetics*, **12**, 78-80.
遠藤利彦（2005）．発達心理学の新しいかたちを探る　遠藤利彦（編著）発達心理学の新しいかたち（pp.3-52）　誠信書房
Erikson, E. H. (1963). *Childhood and society* (2nd ed.). New York, NY: W. W. Norton.
　（エリクソン，E. H.　仁科弥生（訳）（1977・1980）．幼児期と社会1・2　みすず書房）
Fonagy, P., Leigh, T., Steele, M., Steele, H., Kennedy, R., Mattoon, G., Target, M., & Gerber, A. (1996). The relation of attachment status, psychiatric classification, and response to psychotherapy. *Journal of Counseling and Clinical Psychology*, **64**, 22-31.
繁多　進（1987）．愛着の発達――母と子の心の結びつき――　大日本図書
原田知佳・吉澤寛之・吉田俊和（2010）．社会的自己制御とBIS/BAS・Effortful Controlによる問題行動の弁別的予測性　パーソナリティ研究，**19**, 76-78.
Havighurst, J. H. (1953). *Human development and education*. New York, NY: Longmans, Green.
Kagan, J., Reznick, J. S., Clarke, C., Snidman, N., & Garcia-Coll, C. (1984). Behavioral inhibition to the unfamiliar. *Child Development*, **55**, 2212-2225.
柏木惠子・若松素子（1994）．「親となる」ことによる人格発達――生涯発達的視点から親を研究する試み――　発達心理学研究，**5**, 72-83.
Kerns, K. A., Klepac, L., & Cole, A. (1996). Peer relationships and preadolescents' perceptions of security in the child-mother relationship. *Developmental Psychology*, **32**, 457-466.
国里愛彦・山口陽弘・鈴木伸一（2008）．Cloningerの気質・性格モデルとBig Fiveモデルとの関連性　パーソナリティ研究，**16**, 324-334.
Levinson, D. J. (1978). *The seasons of a man's life*. New York, NY: Alfred Knopf.
Marcia, J. E. (1966). Development and validation of ego-identity status. *Journal of Personality and Social Psychology*, **3**, 551-558.
松岡弥玲（2006）．理想自己の生涯発達――変化の意味と調節過程を捉える――　教育心理学研究，**54**, 45-54.
岡田　努（1993）．現代の大学生における「内省および友人関係のあり方」と「対人恐怖的心性」との関係　発達心理学研究，**4**, 162-170.
小野寺敦子（2003）．親になることによる自己概念の変化　発達心理学研究，**14**, 180-190.
Rothbert, M. K., & Derryberry, D. (1981). Development of individual differences in temperament. In M. E. Lamb, & A. L. Brown (Eds.), *Advances in developmental psychology*. Vol.1. (pp. 37-86). Hillsdale, NJ: Erlbaum.
酒井　厚・菅原ますみ・木島伸彦・菅原健介・眞榮城和美・詫摩武俊・天羽幸子（2007）．

児童期・青年期前期における学校での反社会的行動と自己志向性——短期縦断データを用いた相互影響分析—— パーソナリティ研究, **16**, 66-79.
佐藤眞一（2008）．老年期における自己の発達 榎本博明（編）自己心理学2 生涯発達心理学へのアプローチ（pp.226-244） 金子書房
Schaie, K. W., & Labouvie-Vief, G. (1974). Generational versus ontogenic components of change in adult cognitive behavior：A fourteen-year cross-sequential study. *Developmental Psychology*, **10**, 305-320.
Schulz, R., & Heckhauzen, J. (1996). A life span model of successful aging. *American Psychologist*, **51**, 702-714.
Schulz, R., & Heckhauzen, J. (1998). Emotion and control：A life-span perspective. In K. W. Shaie, & M. P. Lowton (Eds.), *Annual review of gerontology and geriatrics*. Vol.17. (pp.185-205). New York, NY：Springer.
Sroufe, L. A. (1988). The role of infant-caregiver attachment in development. In J. Belsky, & T. Nezworsky (Eds.), *Clinical implications of attachment* (pp.18-38). Hillsdale, NJ：Erlbaum.
鈴木乙史（2003）．性格の適応的変化 詫摩武俊・瀧本孝雄・鈴木乙史・松井 豊 性格心理学への招待［改訂版］——自分を知り他者を理解するために——（pp.217-234） サイエンス社
田中麻未（2010）．パーソナリティが中学生の抑うつの変化に及ぼす影響 パーソナリティ研究, **18**, 187-195.
Thomas, A., & Chess, S. (1977). *Temperament and development*. Oxford：Brunner/Mazel.
Thomas, A., & Chess, S. (1986). The New York longitudinal study：From infancy to early adult life. In R. Plomin, & J. Dunn (Eds.), *The study of temperament：Changes, continuities, and challenges* (pp.39-52). Hillsdale, NJ：Erlbaum.
Thomas, A., Chess, S., Birch, H., Hertzig, M., & Korn, S. (1963). *Behavioral individuality in early childhood*. New York, NY：New York University Press.
Turkheimer, E. (2000). Three laws of behavior genetics and what they mean. *Current Direction in Psychological Science*, **9**, 160-164.
van den Boom, D. C. (1994). The influence of temperament and mothering on attachment and exploration：An experimental manipulation of sensitive responsiveness among lower-class mothers with irritable infants. *Child Development*, **65**, 1457-1477.
和田さゆり（1996）．性格特性語を用いたBig Five尺度の作成 心理学研究, **67**, 61-67.
Waddington, C. H. (1957). *The strategy of the genes：A discussion of some aspects of theoretical biology*. London：Allen & Unwin.
Woodruff, D. S., & Birren, J. E. (1972). Age changes and cohort difference in personality. *Developmental Psychology*, **6**, 252-259.

第6章

Adolphs, R. (2002). Neural systems for recognizing emotion. *Current Opinion in Neurobiology*, **12**, 169-177.
Bauer, D. H. (1976). An exploratory study of developmental changes in children's fears. *Journal of Child Psychology and Psychiatry*, **17**, 69-74.
Blanchard-Fields, F., & Coats, A. H. (2008). The experience of anger and sadness in everyday problems impacts age differences in emotion regulation. *Developmental Psychology*, **44**, 1547-1556.
Carstensen, L. L., & Charles, S. T. (1998). Emotion in the second half of life. *Current Directions*

in Psychological Science, **7**, 144-149.

Carstensen, L. L., Isaacowitz, D. M., & Charles, S. T. (1999). Taking time seriously：A theory of socioemotional selectivity. *American Psychologist*, **54**, 165-181.

Carstensen, L. L., Pasupathi, M., Mayr, U., & Nesselroade, J. R. (2000). Emotional experience in everyday life across the adult life span. *Journal of Personality and Social Psychology*, **79**, 644-655.

Charles, S. T., Reynolds, C. A., & Gatz, M. (2001). Age-related differences and change in positive and negative affect over 23 years. *Journal of Personality and Social Psychology*, **80**, 136-151.

Coleman, J. C. (2011). *The nature of adolescence* (4th ed.). Taylor & Francis.

Conduct Problems Prevention Research Group (1999). Initial impact of the fast track prevention trial for conduct problems：Ⅱ. Classroom effects. *Journal of Consulting and Clinical Psychology*, **67**, 648-657.

Elias, M. J., Zins, J. E., Weissberg, R. P., Frey, K. S., Greenberg, M. T., Haynes, N. M., Kessler, R., Schwab-Stone, M. E., & Shriver, T. P. (1997). *Promoting social and emotional learning： Guidelines for educators*. Alexandria, VA：Association for Supervision and Curriculum Development.

　　（イライアス，M. J. 他　小泉令三（編訳）(1999).　社会性と感情の教育――教育者のためのガイドライン39――　北大路書房）

遠藤利彦（2009）．情動は人間関係の発達にどうかかわるのか――オーガナイザーとしての情動，そして情動的知性――　須田　治（編）情動的な人間関係の問題への対応（pp.3-33）　金子書房

遠藤利彦（2012）．親子のアタッチメントと赤ちゃんの社会性の発達　小西行郎・遠藤利彦（編）赤ちゃん学を学ぶ人のために（pp.161-189）　世界思想社

遠藤利彦（2013）．「情の理」論――情動の合理性をめぐる心理学的考究――　東京大学出版会

Erikson, E. H. (1994). *Identity and the life cycle*. W. W. Norton.

　　（エリクソン，E. H.　西平　直・中島由恵（訳）(2011).　アイデンティティとライフサイクル　誠信書房）

Goleman, D. (1995). *Emotional intelligence*. New York：Bantam.

　　（ゴールマン，D.　土屋京子（訳）(1998). EQ――こころの知能指数――　講談社）

Greenberg, M. T., & Kusche, C. A. (1993). *Promoting social and emotional development in deaf children：The PATHS project*. University of Washington Press.

Gross, J. J. (1998). The emerging field of emotion regulation：An integrative review. *Review of General Psychology*, **2**, 271-299.

星野喜久三（1969）．表情の感情的意味理解に関する発達的研究　教育心理学研究，**17**, 90-101.

川上清文・高井清子・川上文人（2012）．ヒトはなぜほほえむのか――進化と発達にさぐる微笑の起源――　新曜社

小松佐穂子・箱田裕司（2015）．感情知性（EI）は訓練次第で変化するか　箱田裕司・遠藤利彦（編）本当のかしこさとは何か――感情知性（EI）を育む心理学――（pp.79-94）誠信書房

Kuepper, Y., Alexander, N., Osinsky, R., Mueller, E., Schmitz, A., Netter, P., & Hennig, J. (2010). Aggression-interactions of serotonin and testosterone in healthy men and women. *Behavioural Brain Research*, **206**, 93-100.

Larson, R., & Asmussen, L. (1991). Anger, worry, and hurt in early adolescence：An enlarging world of negative emotions. In M. E. Colten, & S. Gore (Eds.), *Adolescent stress : Causes and consequences* (pp.21-41). New York : Aldine De Gruyter.

Lazarus, R. S. (1991). *Emotion and adaptation.* Oxford : Oxford University Press.

Levenson, R. W., Carstensen, L. L., Friesen, W. V., & Ekman, P. (1991). Emotion, physiology, and expression in old age. *Psychology and Aging,* **6**, 28-35.

Lewis, M. (2008). The emergence of human emotions. In M. Lewis, J. M. Haviland-Jones, & L. F. Barrett (Eds.), *Handbook of emotions* (3rd ed., pp.304-319). Guilford Press.

Lewis, M., & Brooks-Gunn, J. (1979). *Social cognition and the acquisition of self.* New York : Plenum Press.

Lewis, M., Sullivan, M. W., Stanger, C., & Weiss, M. (1989). Self development and self-conscious emotions. *Child Development,* **60**, 146-156.

松村京子 (2006). 乳児の情動研究——非接触法による生理学的アプローチ—— ベビーサイエンス, **6**, 2-7.

Mayer, J. D., & Salovey, P. (1997). What is emotional intelligence? In P. Salovey, & D. Sluyter (Eds.), *Emotional development and emotional intelligence : Implications for educators* (pp.3-31). New York : Basic Books.

Mayer, J. D., Salovey, P., & Caruso, D. R. (2004). Emotional intelligence : Theory, findings, and implications. *Psychological Inquiry,* **15**, 197-215.

Messinger, D., & Fogel, A. (2007). The interactive development of social smiling. *Advances in Child Development and Behavior,* **35**, 328-366.

Mroczek, D. K., & Kolarz, C. M. (1998). The effect of age on positive and negative affect : A developmental perspective on happiness. *Journal of Personality and Social Psychology,* **75**, 1333-1349.

Riediger, M., & Klipker, K. (2014). Emotion regulation in adolescence. In J. J. Gross (Ed.), *Handbook of emotion regulation* (2nd ed., pp.187-202). Guilford Press.

Saarni, C. (1999). *The development of emotional competence.* New York : Guilford Press.
(サーニ, C. 佐藤 香 (監訳) (2005). 感情コンピテンスの発達 ナカニシヤ出版)

Salovey, P., & Mayer, J. D. (1990). Emotional intelligence. *Imagination, Cognition and Personality,* **9**, 185-211.

佐藤幸子 (2007). 幼児における表情による情動表現と運動制御の関連に関する研究 東北大学大学院教育学研究科研究年報, **55**, 149-163.

Scarr, S., & Salapatek, P. (1970). Patterns of fear development during infancy. *Merrill-Palmer Quarterly of Behavior and Development,* **16**, 53-90.

Scherer, K. R. (2009). Emotions are emergent processes : They require a dynamic computational architecture. *Philosophical Transactions of the Royal Society B : Biological Sciences,* **364**, 3459-3474.

Seidman, S. N., Orr, G., Raviv, G., Levi, R., Roose, S. P., Kravitz, E., Amiaz, R., & Weiser, M. (2009). Effects of testosterone replacement in middle-aged men with dysthymia : A randomized, placebo-controlled clinical trial. *Journal of Clinical Psychopharmacology,* **29**, 216-221.

Shiota, M. N., & Kalat, J. W. (2011). *Emotion* (2nd ed.). Nelson Education.

Somerville, L. H., Jones, R. M., & Casey, B. J. (2010). A time of change : Behavioral and neural correlates of adolescent sensitivity to appetitive and aversive environmental cues. *Brain and Cognition,* **72**, 124-133.

Sternberg, C. R., & Campos, J. J. (1990). The development of anger expressions in infancy. In N. L. Stein, B. Leventhal, & T. Trabasso (Eds.), *Psychological and biological approaches to*

emotion (pp.247-282). Hillsdale, NJ: Lawrence Erlbaum Associates.
鈴木敦命・星野崇宏・河村　満（2005）．高齢者における表情認識　高次脳機能研究, **25**, 233-241.
Thompson, R. A. (2011). Emotion and emotion regulation: Two sides of the developing coin. *Emotion Review*, **3**, 53-61.
Wakeley, A., Rivera, S., & Langer, J. (2000). Can young infants add and subtract? *Child Development*, **71**, 1525-1534.
Walf, A. A., & Frye, C. A. (2006). A review and update of mechanisms of estrogen in the hippocampus and amygdala for anxiety and depression behavior. *Neuropsychopharmacology*, **31**, 1097-1111.
Young-Browne, G., Rosenfeld, H. M., & Horowitz, F. D. (1977). Infant discrimination of facial expressions. *Child Development*, **48**, 555-562.
Zajonc, R. B. (1980). Feeling and thinking: Preferences need no inferences. *American Psychologist*, **35**, 151-175.
Zeidner, M., Matthews, G., & Roberts, R. D. (2009). *What we know about emotional intelligence: How it affects learning, work, relationships, and our mental health*. London: MIT Press.

第7章

Anderson, N. H. (1968). Likableness ratings of 555 personality-trait words. *Journal of Personality and Social Psychology*, **9**, 272-279.
Bagwell, C. L., Bender, S. E., Andreassi, C. L., Kinoshita, T. L., Montarello, S. A., & Muller, J. G. (2005). Friendship quality and perceived relationship changes predict psychosocial adjustment in early adulthood. *Journal of Social and Personal Relationships*, **22**, 235-254.
Bartholomew, K., & Horowitz, L. M. (1991). Attachment styles among young adults: A test of a four-category model. *Journal of Personality and Social Psychology*, **61**, 226-244.
Baumeister, R. F., & Vohs, K. D. (Eds.). (2007). *Encyclopedia of social psychology*. Sage Publications.
Berndt, T. J. (2002). Friendship quality and social development. *Current Directions in Psychological Science*, **11**, 7-10.
Bowlby, J. (1977). The making and breaking of affectional bonds. *British Journal of Psychology*, **130**, 201-210.
Byrne, D. (1961). Interpersonal attraction and attitude similarity. *Journal of Abnormal and Social Psychology*, **62**, 713-715.
Byrne, D., Clire, G. L., Jr., & Worchel, P. (1966). Effect of economic similarity-dissimilarity on interpersonal attraction. *Journal of Personality and Social Psychology*, **4**, 220-224.
Caldwell, A. M., & Peplau, A. L. (1982). Sex differences in same-sex friendship. *Sex Roles*, **8**, 721-732.
Carver, S. C. (2010). Personality. In R. F. Baumeister, & E. J. Finkel (Eds.), *Advanced social psychology: The state of the science* (pp.757-794). Oxford University Press.
Downey, G., & Feldman, S. I. (1996). Implications of rejection sensitivity for intimate relationships. *Journal of Personality and Social Psychology*, **70**, 1327-1343.
Dunbar, R. (2010). *How many friends does one person need?: Dunbar's number and other evolutionary quirks*. Harvard University Press.
（ダンバー，R.　藤井留美（訳）（2011）．友達の数は何人？――ダンバー数とつながりの進化心理学――　インターシフト）

遠藤利彦 (2005). アタッチメント理論の基本的枠組み 数井みゆき・遠藤利彦 (編著) アタッチメント──生涯にわたる絆──(pp.1-31) ミネルヴァ書房
Fehr, B. (2008). Friendship formation. In S. Sprecher, A. Wenzel, & J. Harvey (Eds.), *Handbook of relationship initiation* (pp.29-54). Psychology Press.
藤原美聡・石田 弓 (2010). 大学生における友人関係機能と孤独感の関連 広島大学大学院心理臨床教育研究センター紀要, **9**, 107-115.
福森崇貴・小川俊樹 (2006). 青年期における不快情動の回避が友人関係に及ぼす影響──自己開示に伴う傷つきの予測を媒介要因として── パーソナリティ研究, **15**, 13-19.
福岡欣治・橋本 宰 (1997). 大学生と成人における家族と友人の知覚されたソーシャル・サポートとそのストレス緩和効果 心理学研究, **68**, 403-409.
Hazan, C., & Shaver, P. R. (1987). Romantic love conceptualized as an attachment process. *Journal of Personality and Social Psychology*, **52**, 511-524.
Heaven, P. C., Da Silva, T., Carey, C., & Holen, J. (2004). Loving styles: Relationships with personality and attachment styles. *European Journal of Personality*, **18**, 103-113.
Hendrick, C., & Hendrick, S. (1986). A theory and method of love. *Journal of Personality and Social Psychology*, **50**, 392-402.
Heyl, V., & Schmitt, M. (2007). The contribution of adult personality and recalled parent-child relations to friendships in middle and old age. *International Journal of Behavioral Development*, **31**, 38-48.
本田周二 (2012a). パーソナリティと友人関係 鈴木公啓 (編) パーソナリティ心理学概論──性格理解への扉──(pp.85-95) ナカニシヤ出版
本田周二 (2012b). 友人関係における動機づけが対人葛藤時の対処方略に及ぼす影響 パーソナリティ研究, **21**, 152-163.
Izard, E. C. (1960). Personality similarity, positive affect, and interpersonal attraction. *Journal of Abnormal and Social Psychology*, **61**, 484-485.
Joiner, T. E., Jr., Alfano, M. S., & Metalsky, G. I. (1992). When depression breeds contempt: Reassurance-seeking, self-esteem, and rejection of depressed college students by their roommates. *Journal of Abnormal Psychology*, **101**, 165-173.
Kalpidou, M., Dan Consitn, M. A., & Jessica, M. B. A. (2011). The relationship between Facebook and the well-being of undergraduate college students. *Cyberpsychology, Behavior, and Social Networking*, **14**, 183-189.
金政祐司 (2006). 恋愛関係の排他性に及ぼす青年期の愛着スタイルの影響について 社会心理学研究, **22**, 139-154.
加藤千枝 (2013).「SNS疲れ」に繋がるネガティブ経験の実態──高校生15名への面接結果に基づいて── 社会情報学, **2**, 31-43.
加藤 仁・五十嵐 祐・吉田俊和 (2014). 自己愛傾向がソーシャルサポートおよび友人関係への適応に及ぼす影響──ソーシャルスキルの調整効果の検討── 名古屋大学大学院教育発達科学研究科紀要 心理発達科学, **61**, 27-35.
Kim, J., & Lee, J. E. (2011). The Facebook paths to happiness: Effects of the number of Facebook friends and self-presentation on subjective well-being. *Cyberpsychology, Behavior, and Social Networking*, **14**, 359-364.
Lee, J. A. (1974). The styles of loving. *Psychology Today*, **8**, 44-51.
松井 豊 (1990). 友人関係の機能──青年期における友人関係── 斎藤耕二・菊池章夫 (編著) 社会化の心理学ハンドブック──人間形成と社会と文化──(pp.283-296) 川島書店
松井 豊・木賊知美・立澤晴美・大久保宏美・大前晴美・岡村美樹・米田佳美 (1990). 青

年の恋愛に関する測定尺度の構成　東京都立立川短期大学紀要，**23**，13-23．
松尾由美・大西麻衣・安藤玲子・坂元　章（2006）．携帯電話使用が友人数と選択的友人関係志向に及ぼす効果の検討　パーソナリティ研究，**14**，227-229．
三宅義和（1992）．対人魅力の研究──他者評価に対する好悪感情とCPI人格特性の関連について──　人文論究，**42**，70-86．
宮本聡介（2012）．友人ネットワークサイズと社会的自尊心の関連──日米大学生の比較──　明治学院大学心理学紀要，**22**，61-72．
長沼恭子・落合良行（1998）．同性の友達とのつきあい方からみた青年期の友人関係　青年心理学研究，**10**，35-47．
内閣府（2004）．世界青年意識調査報告書［第7回］
Nettle, D.（2009）．*Personality：What makes you the way you are*. Oxford University Press.
（ネトル，D.　竹内和世（訳）（2009）．パーソナリティを科学する──特性5因子であなたがわかる──　白揚社）
落合良行・佐藤有耕（1996）．青年期における友達とのつきあい方の発達的変化　教育心理学研究，**44**，55-65．
Ojanen, T., Sijtsema, J. J., Hawley, P. H., & Little, T. D.（2010）. Intrinsic and extrinsic motivation in early adolescents' friendship development：Friendship selection, influence, and prospective friendship quality. *Journal of Adolescence*, **33**, 837-851.
岡田　涼（2005）．友人関係への動機づけ尺度の作成および妥当性・信頼性の検討──自己決定理論の枠組みから──　パーソナリティ研究，**14**，101-112．
岡田　涼（2008）．友人との学習活動における自律的な動機づけの役割に関する研究　教育心理学研究，**56**，14-22．
岡田　涼（2010）．自己決定理論における動機づけ概念間の関連性──メタ分析による相関係数の統合──　パーソナリティ研究，**18**，152-160．
岡田　努（1999）．現代大学生の認知された友人関係と自己意識の関連について　教育心理学研究，**47**，432-439．
岡田　努（2007）．大学生における友人関係の類型と，適応及び自己の諸側面の発達の関連について　パーソナリティ研究，**15**，135-148．
小塩真司（1998）．青年の自己愛傾向と自尊感情，友人関係のあり方との関連　教育心理学研究，**46**，280-290．
小塩真司（1999）．高校生における自己愛傾向と友人関係のあり方との関連　性格心理学研究，**8**，1-11．
小塩真司（2014）．*Progress & Application* パーソナリティ心理学　サイエンス社
Reader, N., & English., B. H（1947）. Personality factors in adolescent female friendships. *Journal of Consulting Psychology*, **11**, 212-220.
Rubin, Z.（1970）. Measurement of romantic love. *Journal of Personality and Social Psychology*, **16**, 265-273.
Ryan, R. M., & Deci, E. L.（2000）. Self-determination theory and the facilitation of intrinsic motivation, social development, and well-being. *American Psychologist*, **55**, 68-78.
Selfhout, M., Burk, W., Branje, S., Denissen, J., Aken, M. V., & Meeus, W.（2010）. Emerging late adolescent friendship networks and Big Five personality traits：A social network approach. *Journal of Personality*, **78**, 509-538.
鈴木伸哉・五十嵐　祐・吉田俊和（2015）．愛着スタイルとしての関係不安と過剰適応行動が恋愛関係における親和不満感情に及ぼす影響　対人社会心理学研究，**15**，63-69．
谷口淳一・大坊郁夫（2002）．同性友人関係におけるパーソナリティの類似性認知が魅力判断に与える影響　対人社会心理学研究，**2**，51-64．

遠矢幸子 (1996). 友人関係の特性と展開　大坊郁夫・奥田秀宇 (編) 親密な対人関係の科学 (pp.90-116)　誠信書房

内田由紀子・遠藤由美・柴内康文 (2012). 人間関係スタイルと幸福感——つきあいの数と質からの検討——　実験社会心理学研究, **52**, 63-75.

和田　実 (1993). 同性友人関係——その性および性役割タイプによる差異——　社会心理学研究, **8**, 67-75.

Walterman, A. S. (1993). Developmental perspectives on identity formation: From adolescence to adulthood. In J. E. Marcia, A. S. Waterman, D. R. Matteson, S. L. Archer, & J. L. Orlofsky (Eds.), *Ego identity: A handbook for psychosocial research* (pp.42-68). New York: Springer-Verlag.

渡部麻美 (2010). 高校生の主張性の4要件と友人関係における行動および適応との関連　心理学研究, **81**, 56-62.

White, J. K., Hendrick, S., & Hendrick, C. (2004). Big Five personality variables and relationship constructs. *Personality and Individual Differences*, **37**, 1519-1530.

八城　薫 (2010). 大学生のセルフ・モニタリング傾向と友人選択および友人関係スタイルとの関係　大妻女子大学人間関係学部紀要人間関係学研究, **12**, 207-219.

吉岡和子 (2001). 友人関係の理想とズレ及び自己受容から捉えた友人関係の満足感　青年心理学研究, **13**, 13-30.

第8章

Baron-Cohen, S., Wheelwright, S., Hill, J., Raste, Y., & Plumb, I. (2001). The "Reading the mind in the eyes" test revised version: A study with normal adults, and adults with Asperger Syndrome or High-Functioning Autism. *Journal of Child Psychology and Psychiatry*, **42**, 241-251.

Butler, E. A., Egloff, B., Wlhelm, F. H., Smith, N. C., Erickson, E. A., & Gross, J. J. (2003). The social consequences of expressive suppression. *Emotion*, **3**, 48-67.

崔　京姫・新井邦二郎 (1998). ネガティブな感情表出の制御と友人関係の満足感および精神的健康との関係　教育心理学研究, **46**, 432-441.

Chow, C. M., Ruhl, H., & Buhrmester, D. (2013). The mediating role of interpersonal competence between adolescents' empathy and friendship quality: A dyadic approach. *Journal of Adolescence*, **36**, 191-200.

Coulson, M. (2004). Attributing emotion to static body postures: Recognition accuracy, confusions, and viewpoint dependence. *Journal of Nonverbal Behavior*, **28**, 117-139.

Davis, M. H. (1994). *Empathy: A social psychological approach*. Boulder, CO: Westview Press.

Ekman, P. (1972). Universals and cultural differences in facial expressions of emotion. In J. Cole (Ed.), *Nebraska symposium on motivation, 1971*. Vol.19. (pp.207-282). Lincoln: University of Nebraska Press.

Ekman, P., & Friesen, W. V. (1969). The repertoire of nonverbal behavior: Categories, origins, usage, and coding. *Semiotica*, **1**, 49-98.

Ekman, P., & Friesen, W. V. (1975). *Unmasking the face: A guide to recognizing emotions from facial cues*. Englewood Cliffs, NJ: Prentice Hall.

Ekman, P., & Friesen, W. V. (1978). *Manual for the facial action coding system*. Consulting Psychologists Press.

遠藤利彦 (1996). 喜怒哀楽の起源——情動の進化論・文化論——　岩波書店

遠藤利彦 (2013). 「情の理」論——情動の合理性をめぐる心理学的考究——　東京大学出版会

Gross, J. J., & John, O. P. (2003). Individual differences in two emotion regulation processes: Implications for affect, relationships, and well-being. *Journal of Personality and Social Psychology*, **85**, 348-362.

平井　花 (2013)．大学生の日常生活における感情経験を生起させる出来事の分類――楽しさ・悲しみ・怒り・嫌悪感に関する出来事について――　学習院大学人文科学論集，**22**，163-183．

本間優子・内山伊知郎 (2013)．役割（視点）取得能力に関する研究のレビュー――道徳性発達理論と多次元共感理論からの検討――　新潟青陵学会誌，**6** (1)，97-105．

Keltner, D., & Gross, J. J. (1999). Functional accounts of emotions. *Cognition and Emotion*, **13**, 467-480.

Keltner, D., & Haidt, J. (2001). Social functions of emotions. In T. J. Mayne, & G. A. Bonanno (Eds.), *Emotions: Current issues and future directions* (pp.192-213). New York: Guilford Press.

木村昌紀 (2007)．感情の表出とコミュニケーション　北村英哉・木村　晴（編）感情研究の新展開（pp.223-242）　ナカニシヤ出版

Kotsou, I., Nelis, D., Grégoire, J., & Mikolajczak, M. (2011). Emotional plasticity: Conditions and effects of improving emotional competence in adulthood. *Journal of Applied Psychology*, **96**, 827-839.

工藤　力・マツモト，D. (1996)．日本人の感情世界――ミステリアスな文化の謎を解く――　誠信書房

Malatesta, C. Z., & Wilson, A. (1988). Emotion cognition interaction in personality development: A discrete emotions, functionalist analysis. *British Journal of Social Psychology*, **27**, 91-112.

McCullough, M. E., Kilpatrick, S. D., Emmons, R. A., & Larson, D. B. (2001). Is gratitude a moral affect? *Psychological Bulletin*, **127**, 249-266.

森山　剛・茂　美穂 (2011)．音声が感情を含むことによる声質変化の解析　東京工芸大学工学部紀要，**34**，58-64．

Murray, I. R., & Arnott, J. L. (1993). Toward the simulation of emotion in synthetic speech: A review of the literature on human vocal emotion. *The Journal of the Acoustical Society of America*, **93**, 1097-1108.

Nelis, D., Kotsou, I., Quoidbach, J., Hansenne, M., Weytens, F., Dupuis, P., & Mikolajczak, M. (2011). Increasing emotional competence improves psychological and physical well-being, social relationships, and employability. *Emotion*, **11**, 354-366.

野口素子 (2012)．表情表出による情動調整の日常経験に関する調査　京都大学大学院教育学研究科紀要，**58**，439-451．

野崎優樹 (2015)．情動知能と情動コンピテンスの概念上の差異に関する考察　京都大学大学院教育学研究科紀要，**61**，271-283．

野崎優樹・子安増生 (2015)．情動コンピテンスプロフィール日本語短縮版の作成　心理学研究，**86**，160-169．

Planalp, S. (1996). Varieties of cues to emotion in naturally occurring situations. *Cognition and Emotion*, **10**, 137-154.

Riggio, R. E., & Friedman, H. S. (1986). Impression formation: The role of expressive behavior. *Journal of Personality and Social Psychology*, **50**, 421-427.

Salovey, P., & Mayer, J. D. (1990). Emotional intelligence. *Imagination, Cognition, and Personality*, **9**, 185-211.

Schutte, N. S., Malouff, J. M., Bobik, C., Coston, T. D., Greeson, C., Jedlicka, C., & Wendorf,

G. (2001). Emotional intelligence and interpersonal relations. *Journal of Social Psychology*, **141**, 523-536.

柴田利男（2012）．感情偽装コミュニケーションにみられる個人差　日本心理学会第76回大会発表論文集，2EVA37.

Smith, R. L., & Rose, A. J. (2011). The "cost of caring" in youth's friendships: Considering associations among social perspective taking, co-rumination, and empathetic distress. *Developmental Psychology*, **47**, 1792-1803.

Soenens, B., Duriez, B., Vansteenkiste, M., & Goossens, L. (2007). The intergenerational transmission of empathy-related responding in adolescence: The role of maternal support. *Personality and Social Psychology Bulletin*, **33**, 299-311.

Strack, F., Martin, L. L., & Stepper, S. (1988). Inhibiting and facilitating conditions of the human smile: A non-obtrusive test of the facial feedback hypothesis. *Journal of Personality and Social Psychology*, **54**, 768-777.

Susskind, J. M., Lee, D. H., Cusi, A., Feiman, R., Grabski, W., & Anderson, A. K. (2008). Expressing fear enhances sensory acquisition. *Nature Neuroscience*, **11**, 843-850.

鈴木直人（2001）．感情・情緒（情動）の伝達と測定　濱　治世・鈴木直人・濱　保久　感情心理学への招待――感情・情緒へのアプローチ――（pp.137-174）　サイエンス社

渡邊伸行・鈴木竜太・吉田宏之・續木大介・番場あやの・Chandrasiri, N. P.・時田　学・和田万紀・森島繁生・山田　寛（2007）．顔情報データベースFIND――日本人の顔画像データベース構築の試み――　感情心理学研究，**14**，39-53.

結城裕也（2007）．大学生における感情表出の制御研究の予備的検討　東洋大学21世紀ヒューマン・インタラクション・リサーチ・センター研究年報，**4**，109-114.

第9章

Abramson, L., McClelland, D. C., Brown, D., & Kelner, S., Jr. (1991). Alexithymic characteristics and metabolic control in diabetic and healthy adults. *Journal of Nervous and Mental Disease*, **179**, 490-494.

Denollet, J., Martens, E. J., Nyklicek, I., Conraads, V. M., & de Gelder, B. (2008). Clinical events in coronary patients who report low distress: Adverse effect of repressive coping. *Health Psychology*, **27**, 302-308.

Denollet, J., Sys, S. U., Stroobant, N., Rombouts, H., Gillebert, T. C., & Brutsaert, D. L. (1996). Personality as independent predictor of long-term mortality in patients with coronary heart disease. *Lancet*, **347**, 417-421.

Fernandez, A., Sriram, T. G., Rajkumar, S., & Chandrasekar, A. N. (1989). Alexithymic characteristics in rheumatoid arthritis: A controlled study. *Psychotherapy and Psychosomatics*, **51**, 45-50.

Frenkel-Brunswik, E. (1949). Intolerance of ambiguity as an emotional and perceptual personality variable. *Journal of Personality*, **18**, 108-143.

Friedman, M., & Rosenman, R. H. (1959). Association of specific overt behavior pattern with blood and cardiovascular findings: Blood cholesterol level, blood clotting time, incidence of arcus senilis, and clinical coronary artery disease. *Journal of American Medical Association*, **169**, 1286-1296.

橋本京子（2015）．ポジティブ志向と幸福感の心理学　ナカニシヤ出版

Hewitt, P. L., & Flett, G. L. (1991). Perfectionism in the self and social contexts: Conceptualization, assessment, and association with psychopathology. *Journal of Personality and Social Psychology*, **60**, 456-470.

Hewitt, P. L., Flett, G. L., Sherry, S. B., Habke, M., Parkin, M., Lam, R. W., McMurtry, B., Ediger, E., Fairlie, P., & Stein, M. B. (2003). The interpersonal expression of perfection: Perfectionistic self-presentation and psychological distress. *Journal of Personality and Social Psychology*, **84**, 1303-1325.

保坂　隆・田川隆介・杉田　稔・五島雄一郎（1989）．わが国における虚血性心疾患患者の行動特性――欧米におけるA型行動パターンとの比較――　心身医学，**29**，527-536.

池見酉次郎（1977）．心身症の新しい考え方――神経症・不定愁訴との鑑別――　日本医事新報，**2775**，3-8.

Inoue, M., Sawada, N., Matsuda, T., Iwasaki, M., Sasazuki, S., Shimazu, T., Shibuya, K., & Tsugane, S. (2012). Attributable causes of cancer in Japan in 2005-systematic assessment to estimate current burden of cancer attributable to known preventable risk factors in Japan. *Annals of Oncology*, **23**, 1362-1369.

石原俊一・牧田　茂・野原隆司（2005）．冠動脈性心疾患患者におけるガンパーソナリティスケールと免疫系反応の関連性　人間科学研究，**27**，113-122.

前田　聰（1989）．タイプA行動パターン　心身医学，**29**，517-524.

Masten, A. S., Best, K., & Garmezy, N. (1990). Resilience and development: Contributions from the study of children who overcame adversity. *Development and Psychopathology*, **2**, 425-444.

松下智子・有村達之・岡　孝和（2011）．失体感症に関する研究の動向と今後の課題――文献的検討――　心身医学，**51**，376-383.

宮岡　等・片山義郎・北村俊則・寺田久子・大江正恵・宮岡佳子・松島雅子（1995）．Alexithymiaは神経症，心身症とどのような関係にあるか　心身医学，**35**，693-699.

Myrtek, M. (2001). Meta-analyses of prospective studies on coronary heart disease, type A personality, and hostility. *International Journal of Cardiology*, **79**, 245-251.

沼　初枝（2014）．心理のための精神医学概論　ナカニシヤ出版

小塩真司・中谷素之・金子一史・長峰伸治（2002）．ネガティブな出来事からの立ち直りを導く心理的特性――精神的回復力尺度の作成――　カウンセリング研究，**35**，57-65.

Rosenman, R. H., Brand, R. J., Jenkins, C. D., Friedman, M., Straus, R., & Wurm, M. (1975). Coronary heart disease in the Western Collaborate Group study: Final follow-up experience of 8 1/2 years. *Journal of American Medical Association*, **233**, 872-877.

桜井茂男・大谷佳子（1997）．"自己に求める完全主義"と抑うつ傾向および絶望感との関係　心理学研究，**68**，179-186.

Scheier, M. F., & Carver, C. S. (1985). Optimism, coping, and health: Assessment and implications of generalized outcome expectancies. *Health Psychology*, **4**, 219-247.

Scheier, M. F., Carver, C. S., & Bridges, M. W. (1994). Distinguishing optimism from neuroticism (and trait anxiety, self-mastery, and self-esteem): A reevaluaiton of the Life Orientation Test. *Journal of Personality and Social Psychology*, **67**, 1063-1078.

Scheier, M. F., Matthews, K. A., Owens, J. F., Magovern, G. J., Sr., Lefebvre, R. C., Abbott, R. A., & Carver, C. S. (1989). Dispositional optimism and recovery from coronary artery bypass surgery: The beneficial effects on physical and psychological well-being. *Journal of Personality and Social Psychology*, **57**, 1024-1040.

Seligman, M. E. P. (1991). *Learned optimism*. New York: A. A. Knopf.

Sifneos, P. E. (1973). The prevalence of 'alexithymic' characteristics in psychosomatic patients. *Psychotherapy and Psychosomatics*, **22**, 255-262.

Taylor, S. E., & Brown, J. D. (1988). Illusion and well-being: A social psychological perspective on mental health. *Psychological Bulletin*, **103**, 193-210.

Temoshok, L. (1987). Personality, coping style, emotion and cancer: Towards an integrative model. *Cancer Survival*, **6**, 545-567.

Tomasetti, C., & Vogelstein, B. (2015). Variation in cancer risk among tissues can be explained by the number of stem cell divisions. *Science*, **347**, 78-81.

友野隆成（2007a）．対人場面におけるあいまいさへの非寛容と精神的回復力との関連性について　同志社心理，**54**，26-30.

友野隆成（2007b）．対人場面におけるあいまいさへの非寛容と自己志向的完全主義との関連性　日本健康心理学会第20回記念大会発表論文集，32.

友野隆成（2010）．対人場面におけるあいまいさへの非寛容と特性的対人ストレスコーピングおよび精神的健康の関連性　社会心理学研究，**25**，221-226.

友野隆成・橋本　宰（2002）．あいまいさへの非寛容がストレス事象の認知的評価及びコーピングに与える影響　性格心理学研究，**11**，24-34.

友野隆成・橋本　宰（2005）．改訂版対人場面におけるあいまいさへの非寛容尺度作成の試み　パーソナリティ研究，**13**，220-230.

友野隆成・橋本　宰（2006）．対人場面におけるあいまいさへの非寛容と精神的健康の関連性について　心理学研究，**77**，253-260.

若崎淳子・谷口敏代・掛橋千賀子・森　將晏（2007）．成人期初発乳がん患者の術後のQOLに関わる要因の探索　日本クリティカルケア看護学会誌，**3**，43-55.

Williams, R. B., Jr., Haney, T. L., Lee, K. L., Kong, Y. H., Blumenthal, J. A., & Whalen, R. E. (1980). Type A behavior, hostility, and coronary atherosclerosis. *Psychosomatic Medicine*, **42**, 539-549.

Wu, S., Powers, S., Zhu, W., & Hannun, Y. A. (2016). Substantial contribution of extrinsic risk factors to cancer development. *Nature*, **529**, 43-47.

第10章

American Psychiatric Association (2013). *Diagnostic and statistical manual of mental disorders* (5th ed.). Washington, DC: American Psychiatric Publishing.
　（アメリカ精神医学会　髙橋三郎・大野　裕（監訳）染矢俊幸・神庭重信・尾崎紀夫・三村　將・村井俊哉（訳）（2014）．DSM-5 精神疾患の診断・統計マニュアル　医学書院）

Beck, A. T. (1963). Thinking and depression: I. Idiosyncratic content and cognitive distortions. *Archives of General Psychiatry*, **9**, 324-333.

Brown, T. A., Chorpita, B. F., & Barlow, D. H. (1998). Structural relationships among dimensions of the DSM-IV anxiety and mood disorders and dimensions of negative affect, positive affect, and autonomic arousal. *Journal of Abnormal Psychology*, **107**, 179-192.

Cyders, M. A., Smith, G. T., Spillane, N. S., Fischer, S., Annus, A. M., & Peterson, C. (2007). Integration of impulsivity and positive mood to predict risky behavior: Development and validation of a measure of positive urgency. *Psychological Assessment*, **19**, 107-118.

Doran, N., Cook, J., McChargue, D., & Spring, B. (2009). Impulsivity and cigarette craving: Differences across subtypes. *Psychopharmacology*, **207**, 365-373.

Ehring, T., & Watkins, E. R. (2008). Repetitive negative thinking as a transdiagnostic process. *International Journal of Cognitive Therapy*, **1**, 192-205.

Ekman, P., Friesen, W. V., & Ellsworth, P. (1982). What emotion categories or dimensions can observers judge from facial behavior? In P. Ekman (Ed.), *Emotion in the human face* (2nd ed., pp.39-55). Cambridge: Cambridge University Press.

Feldman, G. C., Joormann, J., & Johnson, S. L. (2008). Responses to positive affect: A self-report measure of rumination and dampening. *Cognitive Therapy and Research*, **32**, 507-

525.

Fischer, S., Smith, G. T., & Cyders, M. A. (2008). Another look at impulsivity: A meta-analytic review comparing specific dispositions to rash action in their relationship to bulimic symptoms. *Clinical Psychology Review*, **28**, 1413-1425.

Freedland, K. E., & Carney, R. M. (2014). Depression and medical illness. In I. H. Gotlib, & C. L. Hammen (Eds.), *Handbook of depression* (3rd ed., pp.122-141). New York: Guilford Press.

Gruber, J., Eidelman, P., Johnson, S. L., Smith, B., & Harvey, A. G. (2011). Hooked on a feeling: Rumination about positive and negative emotion in inter-episode bipolar disorder. *Journal of Abnormal Psychology*, **120**, 956-961.

Hackmann, A., Surawy, C., & Clark, D. M. (1998). Seeing yourself through others' eyes: A study of spontaneously occurring images in social phobia. *Behavioural and Cognitive Psychotherapy*, **26**, 3-12.

長谷川　晃・国里愛彦・森本浩志・西村春輝・松田侑子 (2016). 反すうと衝動性は独立しているのか？ ——Ruminative Responses Scale と UPPS-P Impulsive Behavior Scale を用いた検討—— 日本パーソナリティ心理学会第25回大会発表論文集，153.

Holmes, E. A., Lang, T. J., & Shah, D. M. (2009). Developing interpretation bias modification as a "cognitive vaccine" for depressed mood: Imagining positive events makes you feel better than thinking about them verbally. *Journal of Abnormal Psychology*, **118**, 76-88.

Holmes, E. A., & Mathews, A. (2005). Mental imagery and emotion: A special relationship? *Emotion*, **5**, 489-497.

Holmes, E. A., & Mathews, A. (2010). Mental imagery in emotion and emotional disorders. *Clinical Psychology Review*, **30**, 349-362.

Ivins, A., Di Simplicio, M., Close, H., Goodwin, G. M., & Holmes, E. (2014). Mental imagery in bipolar affective disorder versus unipolar depression: Investigating cognitions at times of 'positive' mood. *Journal of Affective Disorders*, **166**, 234-242.

松岡和生 (2014). 心的イメージ　行場次朗・箱田裕司 (編著) 新・知性と感性の心理——認知心理学最前線—— (pp.80-96)　福村出版

May, J., Kavanagh, D. J., & Andrade, J. (2015). The elaborated intrusion theory of desire: A 10-year retrospective and implications for addiction treatments. *Addictive Behaviors*, **44**, 29-34.

Morina, N., Deeprose, C., Pusowski, C., Schmid, M., & Holmes, E. A. (2011). Prospective mental imagery in patients with major depressive disorder or anxiety disorders. *Journal of Anxiety Disorders*, **25**, 1032-1037.

Muhtadie, L., Johnson, S. L., Carver, C. S., Gotlib, I. H., & Ketter, T. A. (2014). A profile approach to impulsivity in bipolar disorder: The key role of strong emotions. *Acta Psychiatrica Scandinavica*, **129**, 100-108.

Newby, J. M., & Moulds, M. L. (2011). Characteristics of intrusive memories in a community sample of depressed, recovered depressed and never-depressed individuals. *Behaviour Research and Therapy*, **49**, 234-243.

Nolen-Hoeksema, S. (1991). Responses to depression and their effects on the duration of depressive episodes. *Journal of Abnormal Psychology*, **100**, 569-582.

Nolen-Hoeksema, S. (2000). The role of rumination in depressive disorders and mixed anxiety/depressive symptoms. *Journal of Abnormal Psychology*, **109**, 504-511.

Nolen-Hoeksema, S., & Morrow, J. (1993). Effects of rumination and distraction on naturally occurring depressed mood. *Cognition and Emotion*, **7**, 561-570.

Oatley, K., & Johnson-Laird, P. N. (1987). Towards a cognitive theory of emotions. *Cognition and Emotion*, **1**, 29-50.

Pressman, S. D., & Cohen, S. (2005). Does positive affect influence health? *Psychological Bulletin*, **131**, 925-971.

Ramnerö, J., & Törneke, N. (2008). *The ABCs of human behavior : Behavioral principles for the practicing clinician.* Oakland : New Harbinger Publications.
（ランメロ，J.・トールネケ，N. 武藤 崇・米山直樹（監訳）(2009). 臨床行動分析のABC 日本評論社）

Rose, P., & Segrist, D. J. (2014). Negative and positive urgency may both be risk factors for compulsive buying. *Journal of Behavioral Addictions*, **3**, 128-132.

佐藤 徳・安田朝子 (2001). 日本語版PANASの作成 性格心理学研究，**9**, 138-139.

Settles, R. E., Fischer, S., Cyders, M. A., Combs, J. L., Gunn, R. L., & Smith, G. T. (2012). Negative urgency : A personality predictor of externalizing behavior characterized by neuroticism, low conscientiousness, and disagreeableness. *Journal of Abnormal Psychology*, **121**, 160-172

Trull, T. J., Solhan, M. B., Tragesser, S. L., Jahng, S., Wood, P. K., Piasecki, T. M., & Watson, D. (2008). Affective instability : Measuring a core feature of borderline personality disorder with ecological momentary assessment. *Journal of Abnormal Psychology*, **117**, 647-661.

Watson, D., Clark, L. A., & Tellegen, A. (1988). Development and validation of brief measures of positive and negative affect : The PANAS scales. *Journal of Personality and Social Psychology*, **54**, 1063-1070.

Watson, J. B., & Rayner, R. (1920). Conditioned emotional reactions. *Journal of Experimental Psychology*, **3**, 1-14.

Whiteside, S. P., & Lynam, D. R. (2001). The Five Factor Model and impulsivity : Using a structural model of personality to understand impulsivity. *Personality and Individual Differences*, **30**, 669-689.

Whiteside, S. P., Lynam, D. R., Miller, J. D., & Reynolds, S. K. (2005). Validation of the UPPS impulsive behaviour scale : A four-factor model of impulsivity. *European Journal of Personality*, **19**, 559-574.

人名索引

ア行

アイゼンク（Eysenck, H. J.）　2, 10, 31
アシュトン（Ashton, M. C.）　15
アブラムソン（Abramson, L.）　160
淡路円治郎　27
アンダーソン（Anderson, N. H.）　125

イヴィンス（Ivins, A.）　185
池見酉次郎　161
伊沢秀而　31
石川七五三二　27
石原俊一　158
井上真奈美　158

ウィグフィールド（Wigfield, A.）　77
ウィリアムス（Williams, R. B., Jr.）　157
ウー（Wu, S.）　157
ウェクスラー（Wechsler, D.）　25, 41
内田勇三郎　27, 35
内田由紀子　131
ウッドワース（Woodworth, R. S.）　25
ヴント（Wundt, W.）　23

エインズワース（Ainsworth, M. D. S.）　90
エクマン（Ekman, P.）　139, 140, 144, 173
エドワーズ（Edwards, A. L.）　32
エリクソン（Erikson, E. H.）　93, 95
エリス（Ellis, H. C.）　47
遠藤利彦　86, 118

大伴　茂　27
オートレイ（Oatley, K.）　173
オールポート（Allport, G. W.）　2, 7, 8, 10
岡田　努　122, 126
岡部弥太郎　27
小塩真司　14, 163

カ行

カーステンセン（Carstensen, L. L.）　113
カールソン（Coulson, M.）　145

加藤　仁　126
金政祐司　129

木村昌紀　139
キャッテル（Cattel, J. M.）　23
キャッテル（Cattell, R. B.）　2, 8, 10, 29, 39
キャンポス（Campos, J. J.）　105
桐原葆見　27
ギルフォード（Guilford, J. P.）　29

工藤　力　141
国里愛彦　85
久保良英　26
クルグランスキ（Kruglanski, A. W.）　70
クレッチメル（Kretschmer, E.）　4
クレペリン（Kraepelin, E.）　35
グロス（Gross, J. J.）　142
クロニンジャー（Cloninger, C. R.）　83, 89

ケイガン（Kagan, J.）　88
ケネアリー（Kenealy, P. M.）　48
ケルトナー（Keltner, D.）　137

ゴールドバーグ（Goldberg, L. R.）　12
ゴールマン（Goleman, D.）　116, 117
コスタ（Costa, P. T., Jr.）　32
コッホ（Koch, K.）　39
小松佐穂子　117
ゴルトン（Golton, F.）　23

サ行

サーニ（Saarni, C.）　109
サイダース（Cyders, M. A.）　187
ザイドナー（Zeidner, M.）　117
桜井茂男　166
サスキンド（Susskind, J. M.）　146
佐藤幸子　107
佐野勝男　38
サマービル（Somerville, L. H.）　112

人名索引

サロヴェイ（Salovey, P.）　115

シェルドン（Sheldon, W. H.）　5
シオタ（Shiota, M. N.）　112
柴田利男　141
シフネオス（Sifneos, P. E.）　160
シモン（Simon, T.）　25
シャイアー（Scheier, M.）　162
シュプランガー（Spranger, E.）　27

スキナー（Skinner, E. A.）　74
鈴木伸哉　130
鈴木直人　144
鈴木治太郎　26
スタンバーグ（Sternberg, C. R.）　105
ストラック（Strack, F.）　146
スミス（Smith, R. L.）　150

セリグマン（Seligman, M. E. P.）　162
セルフハウト（Selfhout, M.）　125

ソーネンス（Soenens, B.）　150
園原太郎　29
ソルツ（Soldz, S.）　16

タ 行

ターマン（Terman, L. M.）　25
ダウニー（Downey, J. E.）　27
竹内 光　55
田中寛一　26
田中麻未　86
谷口淳一　125
ダンバー（Dunbar, R.）　131

崔 京姫　142
チェス（Chess, S.）　33
チョウ（Chow, C. M.）　150

辻岡美延　29

ディグマン（Digman, J. M.）　15
デイビス（Davis, M. H.）　148
テイラー（Taylor, S. E.）　165

デシ（Deci, E. L.）　70，71
デノレット（Denollet, J.）　159
テモショック（Temoshok, L.）　157
デルシング（Delsing, M. J.）　19

トーマス（Thomas, A.）　3，33，82，86，88
トマゼッティ（Tomasetti, C.）　157
友野隆成　163，166，168
ドラード（De Raad, B.）　15
トルール（Trull, T. J.）　176

ナ 行

ネリス（Nelis, D.）　152

野内 類　51
ノーマン（Norman, W. T.）　12
ノーレン=ホエクセマ（Nolen-Hoeksema, S.）　181
野口素子　140，142
野崎優樹　152

ハ 行

バーソロミュー（Bartholomew, K.）　129
バーン（Byrne, D.）　125
バウアー（Bower, G. H.）　52
ハヴィガースト（Havighurst, J. H.）　95
ハサウェイ（Hathaway, S. R.）　28
ハザン（Hazan, C.）　129
バトラー（Butler, E. A.）　142
林 勝造　37
原田知佳　86
バルテス（Baltes, P. B.）　96
バロン=コーエン（Baron-Cohen, S.）　148
バンデューラ（Bandura, A.）　67
ハンプソン（Hampson, S. E.）　16

ビネー（Binet, A.）　25
ヒューイット（Hewitt, P. L.）　165
平井 花　139

フェルドマン（Feldman, G. C.）　182
フェルナンデス（Fernandez, A.）　161
フォーガス（Forgas, J. P.）　46

ブシャール（Bouchard, T. J.） 16
ブラウン（Brown, T. A.） 176
ブラゼルトン（Brazelton, T. B.） 82
プラナプ（Planalp, S.） 147
フリードマン（Friedman, M.） 155
フリードランド（Freedland, K. E.） 177
プレスマン（Pressman, S. D.） 177
ブレスロー（Breslow, R.） 47
フレンケル=ブランズウィック（Frenkel-Brunswik, E.） 168

ペクルン（Pekrun, R.） 78
ベック（Beck, A. T.） 53, 180
ヘックハウゼン（Heckhauzen, J.） 96
ヘブン（Heaven, P. C.） 127
ベラック（Bellak, L.） 37
ベンダー（Bender, L.） 39

ボウルビィ（Bowlby, J.） 90, 128
ホームズ（Holmes, E. A.） 183
保坂 隆 157
ホワイト（White, J. K.） 128
ホワイトサイド（Whiteside, S. P.） 185

マ 行
マーシャ（Marcia, J. E.） 93
マーテック（Myrtek, M.） 156
前田 聰 157
槇田 仁 38
マクレー（McCrae, R. R.） 12, 32
マステン（Masten, A. S.） 163
松井 豊 121
松岡弥玲 97
マッカウン（McCown, W.） 20
マッキンレイ（Mckinley, J. C.） 28
松下智子 161
マラテスタ（Malatesta, C. Z.） 136
マレー（Murray, H. A.） 32, 37
マレー（Murray, I. R.） 145
ミシェル（Mischel, W.） 18
水野里恵 3

宮岡 等 161
三宅鉱一 26
宮本聡介 131

メイヤー（Mayer, J. D.） 116
メドフォード（Medford, N.） 49

モーガン（Morgan, C. D.） 37
モンテメイヤー（Montemayor, R.） 5

ヤ 行
ヤーキーズ（Yerkes, R. M.） 25
矢田部達郎 29

ユング（Jung, C. G.） 6, 27

ラ 行
ラーソン（Larson, R.） 111

リー（Lee, J. A.） 127
リーダー（Reader, N.） 125

ルイス（Lewis, M） 103
ルビン（Rubin, Z.） 127

レヴィンソン（Levinson, D. J.） 95
レニンガー（Renninger, K. A.） 68

ローゼンツァイク（Rosenzweig, S.） 37
ローゼンマン（Rosenman, R. H.） 156
ロールシャッハ（Rorschach, H.） 26, 36
ロッター（Rotter, J. B.） 38
ロバーツ（Roberts, B. W.） 17

ワ 行
ワイナー（Weiner, B.） 64, 65, 78
若崎淳子 163
ワディントン（Waddington, C. H.） 88
ワトソン（Watson, D.） 173
ワトソン（Watson, J. B.） 178

事項索引

ア　行

愛情　127
愛着　90
愛着スタイル　128
アイデンティティ　93
アイデンティティ拡散　93
アイデンティティ・ステイタス　93
曖昧さ耐性　168
曖昧さへの非寛容　168
赤の女王仮説　98
アタッチメント　90
アタッチメントスタイル　128
アダルトアタッチメント理論　129
アレキシサイミア　160
アレキシソミア　161
アンダーマイニング効果　69
安定化機能　121
安定性　65

遺伝　16, 81
インクブロット・テスト　36

ウェクスラー法　41
内田クレペリン精神検査　35
うつ病　176

援助行動　150
エンハンシング効果　70

横断研究　97
応答的結果　150
オペラント条件づけ　178
音楽の好み　19
音声　145

カ　行

絵画統覚検査　37
外向型　6
外向性　125
外在的な問題行動　85
外的　123
回答の歪み　28
外発的動機づけ　68
外発的な人生目標　74
外発的微笑　104
回避行動　180
開放性　125
課題価値モデル　77
価値　63
体の動き　145
がん　157
眼窩前頭皮質　57
環境　81
関係性の欲求　73
関係不安　129
感情　101
感情依存記憶　47
感情一致記憶　51
感情一致効果　45
感情隠蔽　140
感情価　45
感情偽装　140
感情経験　139
感情混入モデル　54
感情コンピテンス　152
感情状態　45
感情制御　45, 55, 108, 141
感情知性　116, 152
感情知能　152
感情調整　141
冠状動脈性心臓疾患　155
感情のコミュニケーション機能　138
感情表出　102, 139
感情有害説　135
感情誘発機能　138
感情有用説　135
感情抑制　139
間接的発話　144
完全主義　165
顔面フィードバック仮説　146

記憶欠損　47
危機　93
気質　2, 33, 81
気質・性格理論　84
基準関連妥当性　42
帰属因　64
帰属次元　64
期待　63
基本感情　173
基本的欲求理論　71
客観的行動検査　27, 34
境界性パーソナリティ障害　176
共感　148
共感の組織化モデル　148
強制選択法　32
強迫症　176
興味　68

クロンバックのα係数　43

経験的方法　28
傾倒　93
結果期待　66
原因帰属　64

好意　127
行為誘発機能　138
構成概念妥当性　42
行動遺伝学　16, 86, 87
効力期待　66
コスト　77

サ 行

再テスト法　43

ジェームズ=ランゲ説　146
時間的安定性　43
しぐさ　145
自己愛　126
自己意識的感情　106
自己決定理論　71, 123
自己効力　66
自己志向的完全主義　166

自己システム内におけるシグナル機能　136
自己主張性　126
自己報告式質問紙　27
自己モデル　128
姿勢　145
自尊感情　97
自尊心　76
失感情症　160
失体感症　161
質問紙法　27
実用的価値　77
視点取得　150
自発的微笑　104
社会感情的学習　117
社会感情的選択理論　114
社会的参照　108
社会的スキルの学習機能　121
社会的微笑　104
社交不安症　175
集団式知能検査　25
16PF　8, 29
主観的感情経験　102
消去　179
条件刺激　178
条件反応　178
情動　62
情動コンピテンス　152
衝動性　185
情動制御　141
情動知能　152
情報付与機能　138
自律性の欲求　73
神経症傾向　125
神経伝達物質　84
心誌　8
心身症　160
身体的健康　177
心的イメージ　183
心的外傷後ストレス障害　182
心配　182
親密性回避　129
信頼性　42

事項索引　　217

心理辞書的研究　8

スキーマモデル　53
ストレンジ・シチュエーション法　90

性格　83
成果主義　76
生活年齢　40
制御理論　96
誠実性　125
精神疾患　174
精神的回復力　163
精神年齢　40
成人の愛着理論　129
生理的反応　102
生理的微笑　104
折半法　43
全般不安症　176

双極性障害　185
属性的楽観性　162

タ　行
体格　4
対人システム内におけるシグナル機能　136
対人場面における曖昧さへの非寛容　163
対人魅力　124
大脳辺縁系　110
タイプAパーソナリティ　155
タイプCパーソナリティ　157
タイプDパーソナリティ　159
他者による行動評定　27
他者モデル　128
達成価値　77
達成感情　78
達成目標理論　75
妥当性　42

知能検査　25, 39
知能指数　40
注目・称賛欲求　126
調和性　125

直接的発話　144

敵意　157
適合の良さ　86
デュシェンヌ・スマイル　105

島　57
同一化　124
投影法　26, 27, 35
動機　60
統制可能性　65
統制の位置　64
逃避行動　180
特性論　7, 28
取り入れ　124

ナ　行
内向型　6
内在的な問題行動　85
内的一貫性　43
内的作業モデル　92, 128
内発　124
内発的価値　77
内発的動機づけ　68
内発的な人生目標　74
内容的妥当性　42
ナチュラルキラー細胞　158

ニューヨーク縦断研究　82
人間─状況論争　18
認知的評価理論　70, 101
認知療法　180

ネガティブ感情　173
ネガティブな反復性思考　182
ネットワークモデル　52
年齢尺度　40

ハ　行
パーソナリティ　2, 81
パーソナリティ係数　18
パーソナリティの安定性　16
パーソナリティの5因子モデル　12, 125

事 項 索 引

バイアス　28
発達課題　93
パニック症　175
パフォーマンス目標　75
反社会的行動　85
反すう　181

非社会的行動　85
ビッグ・ファイブ　12, 85
ビネー法　40
描画法　39
表示規則　109, 140
表出誇張　139
表出抑制　139
標準化　26
表情　144
表情フィードバック仮説　146
病前性格　4
広場恐怖症　176

不安症群　174
2つの人生目標　74
物質関連障害および嗜癖性障害群　176
負の強化　179
ブラゼルトン新生児行動評価尺度　82
文化的表示規則　140
文章完成法　26
文章完成法テスト　38

並行的結果　150
併存的妥当性　42
偏差IQ　42
偏差知能指数　40
ベンダー・ゲシュタルト・テスト　39
扁桃体　57

ポジティブイリュージョン　165
ポジティブ感情　173
ポジティブな反すう　182

マ 行
マスタリー目標　75

無条件刺激　178
無条件反応　178

目的―手段関係　66
目標内容理論　71
モデル機能　122

ヤ 行
役割取得　150
矢田部ギルフォード性格検査　29

優越感・有能感　126
有機的統合理論　71
友人関係　121
有能さの欲求　73

予期　63
抑うつ障害群　174
予測的妥当性　42

ラ 行
楽観性　162
楽観的説明スタイル　162

類型論　4
類似性　124

レジリエンス　163
レスポンデント条件づけ　178
恋愛関係　127
恋愛の色彩理論　127

ロールシャッハ・テスト　26, 36

英 字
BNBAS　82
CHD　155
DSM-5 精神疾患の診断・統計マニュアル　174
EI　116, 152
EPPS　32
HEXACOモデル　15
MMPI　25, 28

MPI 31
NEO-PI-R 12, 31
NK細胞 158
P-Fスタディ 26, 37
PTSD 182
Revised NEO Personality Inventory 12
SEL 117

SOC理論 96
TAT 26, 37
WAIS-III 41
WISC-IV 41
WPPSI 41
YGPI 29

執筆者紹介

【編者略歴】

島　義弘（はじめに，第5章執筆）
しま　よしひろ

2003年　名古屋大学文学部卒業
2008年　名古屋大学大学院教育発達科学研究科博士課程（後期）修了
現　在　鹿児島大学学術研究院法文教育学域教育学系准教授
　　　　博士（心理学）

主要著書・論文
『保育・教育実践のための心理学』（分担執筆）（みらい，2012）
「内的作業モデルが表情刺激の情動認知に与える影響」（共著）（心理学研究，**83**，2012）
「アタッチメントの内的作業モデルと仮想的有能感の関連」（単著）（パーソナリティ研究，**21**，2012）
「親の養育態度の認知は社会的適応にどのように反映されるのか——内的作業モデルの媒介効果——」（単著）（発達心理学研究，**25**，2014）
「幼児期の葛藤抑制と"思いやり的嘘"」（単著）（鹿児島大学教育学部紀要（教育科学編），**66**，2015）

【執 筆 者】名前のあとの括弧内は執筆担当章を表す。

岡田　涼（第1章）　香川大学教育学部准教授
おかだ　りょう

門田昌子（第2章）　川崎医療福祉大学医療福祉学部臨床心理学科講師
かどた　まさこ

野内　類（第3章）　東北大学加齢医学研究所准教授
のうち　るい

上淵　寿（第4章）　早稲田大学教育・総合科学学術院教授
うえぶち　ひさし

石井佑可子（第6章）　藤女子大学文学部准教授
いしい　ゆかこ

本田周二（第7章）　大妻女子大学人間関係学部准教授
ほんだ　しゅうじ

村上達也（第8章）　高知工科大学共通教育教室准教授
むらかみ　たつや

友野隆成（第9章）　宮城学院女子大学学芸学部心理行動科学科教授
ともの　たかなり

長谷川　晃（第10章）　東海学院大学人間関係学部心理学科准教授
はせがわ　あきら

ライブラリ 心理学を学ぶ＝6
パーソナリティと感情の心理学

2017年 4月10日 ⓒ	初 版 発 行
2022年 3月10日	初版第3刷発行

編 者	島　義弘
発行者	森平敏孝
印刷者	篠倉奈緒美
製本者	松島克幸

発行所　株式会社　サイエンス社

〒151-0051　東京都渋谷区千駄ヶ谷1丁目3番25号
営業 ☎ (03)5474-8500(代)　　振替00170-7-2387
編集 ☎ (03)5474-8700(代)
FAX ☎ (03)5474-8900

印刷　株式会社ディグ　　製本　松島製本
《検印省略》

本書の内容を無断で複写複製することは，著作者および出版者の権利を侵害することがありますので，その場合にはあらかじめ小社あて許諾をお求め下さい。

ISBN978-4-7819-1394-0

PRINTED IN JAPAN

サイエンス社のホームページのご案内
http://www.saiensu.co.jp
ご意見・ご要望は
jinbun@saiensu.co.jp　まで.